Valientes

El papel utilizado para la impresión de este libro ha sido fabricado a partir de madera
procedente de bosques y plantaciones gestionadas con los más altos estándares ambientales,
garantizando una explotación de los recursos sostenible con el medio ambiente y beneficiosa para las personas.

Valientes
Mujeres que abrieron brecha

Primera edición: septiembre, 2021

D. R. © 2021, Anamar Orihuela, Aura Medina de Wit, Bárbara Anderson, Carla Guelfenbein, Carla Medina, Caro
Saracho, Catalina Aguilar Mastretta, Claudia Piñeiro, Coral Mujaes, Dominika Paleta, Elena Bazán, Eli Martínez,
Elia Barceló, Elísabet Benavent, Eva Vale, Gaby Meza, Gaby Vargas, Gina Jaramillo, Greta Elizondo, Karla Lara,
Laura Coronado Contreras, Lucy Aspra, Lucy Lara, Maggie Hegyi, Magui Block, Mara Patricia Castañeda,
Marcela Serrano, María Eugenia Mayobre, María J. Borja, F., Martha Carrillo, Maura Gómez, Myriam Sayalero,
Mónica Bauer, Morganna Love, Nicole Domit, Olga González, Pamela Jean, Paola Calasanz, Paola Kuri, Patricia
Armendáriz, Paula Santilli, Paulina Greenham, Paulina Vieitez Sabater, Saskia Niño de Rivera Cover, Silvia Cherem,
Silvia Olmedo, Sofía Guadarrama, Sofía Macías, Sofía Segovia, Sophie Goldberg, Susana Corcuera, Valentina Trava,
Violeta Santiago

D. R. © 2021, derechos de edición mundiales en lengua castellana:
Penguin Random House Grupo Editorial, S. A. de C. V.
Blvd. Miguel de Cervantes Saavedra núm. 301, 1er piso,
colonia Granada, alcaldía Miguel Hidalgo, C. P. 11520,
Ciudad de México

penguinlibros.com

D. R. © 2021, Alejandra Artiga, Daniela Martín del Campo, Mariana García Botello, Romina Becker,
Tahnee Florencia Ruelas Holguín, Yazmín de la Rosa Macias, por las ilustraciones
Amalia Ángeles, por el diseño de interiores

ISBN: 978-607-380-050-1

Impreso en México – *Printed in Mexico*

Valientes

MUJERES

que abrieron

BRECHA

52

INCREÍBLES HISTORIAS

en la voz de

53 TALENTOSAS
AUTORAS

AGUILAR

Índice

Introducción

Mujeres valientes hay desde antes de que se acuñaran los términos techo de cristal, empoderamiento, feminismo, antes de que se ofrecieran medallas y primeras planas, antes de que en redes sociales se pudieran compartir logros y victorias, y muchas de sus historias son apenas conocidas.

Hicimos este libro para darle lugar y reconocimiento a aquellas que nos abrieron los caminos que hoy obviamos o ni nos imaginamos que estaban cerrados, algunos hasta hace muy poco tiempo. Quisimos poner en página las historias de 52 de ellas con el propósito de seguir expandiendo nuestras mentes y con ello las de nuestras comunidades.

Invitamos a 53 autoras para que a través de sus plumas creativas, apasionadas, desinhibidas y de sobra talentosas nos cuenten estas vidas. En el camino hacia la creación del libro que hoy tienes en tus manos, la mayoría se manifestó sorprendida, orgullosa y agradecida de poder compartir las anécdotas que encontraron. A las autoras les dimos carta blanca para que narraran en su propio estilo, en primera o tercera persona, en voces evocativas y crónicas, todas con profundo sentimiento.

Tal vez porque muchas de ellas se pudieron ver reflejadas en los espejos de estas historias, cercanas a su profesión, a sus problemáticas, o a sus ilusiones, no sé, pero el resultado han sido 52 perfiles como extraídos de las más fantásticas leyendas de diosas mitológicas o superheroínas y lo más impresionante es que provienen de la realidad desde 1067 a.C. hasta nuestros días, partiendo del sitio más recóndito de la Selva

Lacandona en México, pasando por el noroeste de Argentina, y dándole la vuelta al globo hasta Pakistán.

Sin importar su origen, el común denominador entre todas ellas es la valentía con la que asumieron el riesgo de lo desconocido, del resultado final, pues aun así dieron el primer paso. Todas ellas tomaron el control de una situación, aunque el efecto fuera incierto, y les dieron vuelta a las desventuras. También se adaptaron a lo inesperado en el camino emprendido, hablaron cuando nadie más lo hizo, defendieron su postura, cambiaron de rumbo y terminaron con ciclos nocivos.

Que este libro te inspire y te dé alas para volar, pies para plantarte, coraje, tesón y resiliencia para intentar lo que sea. Por nuestro género, por la humanidad, en honor a las que lucharon antes y por las que vendrán después.

Michelle Griffing
Ciudad de México, otoño de 2021

"La forma más común en que la gente cede su poder es pensando que no lo tiene."

-Alice Walker

Ada Lovelace

(1815-1852)

Por Olga González

Augusta Ada King, condesa de Lovelace, fue matemática, informática y escritora británica. Líder en el campo de las ciencias y la tecnología, fue la primera programadora de la historia. Desde que Ada era una niña pequeña, su madre decidió que su educación sería extraordinaria.

A la edad de seis años, Ada ya sabía hacer sumas con cinco o seis sumandos, también sabía leer, conocía el globo terráqueo, identificaba líneas paralelas, perpendiculares, horizontales, y tenía entusiasmo para la música. A los siete años contrajo una enfermedad grave que la mantuvo postrada durante meses. Sin embargo, gracias a los excelentes tutores de los que la rodeaba su madre, ella no perdía el entusiasmo por el estudio. A los 11 años estaba obsesionada con la idea de volar. Pasó años estudiando la anatomía de las alas y se propuso construir su propia máquina voladora.

Decidió escribir un libro, *Flyology*, ilustrando sus hallazgos. Su prototipo estaba diseñado con tecnología de punta; una máquina de vapor interior que movería un inmenso par de alas. Desgraciadamente tuvo que interrumpir su proyecto porque a su madre no le gustaba que se distrajera de sus estudios. A la edad de 14 años contrajo sarampión, el cual la dejó paralítica durante tres años, tiempo que ella dedicó arduamente al estudio y a la lectura. A pesar de que sus altas capacidades eran notorias y tenía los privilegios de pertenecer a la clase alta aristócrata, Ada, al igual que las mujeres de la época, no tenía control sobre su dinero y tampoco tenía permitido asistir a la universidad.

Tal era su pasión por aprender que buscó rodearse de grandes científicos, como la amiga de su madre, Mary Somerville, una gran matemática y astrónoma autodidacta que le presentó a Charles Babbage (padre de la computación). Ada pudo entender rápidamente el funcionamiento de su máquina diferencial, y no deseaba otra cosa en la vida que ayudar a Babbage a concluir su invento, pero la sociedad la presionaba para que se casara y tuviera hijos.

Una vez en matrimonio y habiendo dado a luz a su tercer y último hijo, ella decidió que su vida no iba a girar exclusivamente en torno a ser propiedad de su madre ni de su esposo y tampoco de la maternidad, así que continuó con sus estudios, algo que no era muy bien visto en aquella época. Retomó comunicación con Babbage y escribió la obra más importante de su vida: *Sketch of the analytical engine invented by Charles Babbage*, que también fue llamada *Las notas de Lovelace*, acerca de las aplicaciones prácticas de la máquina analítica donde ella fue la primera en intuir lo que el invento de Babbage significaba para el progreso tecnológico y el futuro para procesamiento de datos, incluso propuso digitalizar la música, y no sólo eso, sino que además, inspirada en el telar de Jaquard, escribió un algoritmo específicamente diseñado para ser ejecutado por un ordenador a través de las tarjetas perforadas. Todo esto es lo que actualmente conocemos como la programación de computadoras. Firmó el artículo con sus iniciales A. A. L., pero la comunidad científica, al saber que se trataba de una mujer, desestimó su trabajo, no la tomaron en serio y fue invisibilizada.

Ada murió a los 36 años de edad de cáncer cervicouterino. Casi 100 años más tarde se reconoce el valor de su trabajo y la relevancia de sus aportaciones. En 1970 el Departamento de Defensa de los Estados Unidos creó un lenguaje de programación de alta seguridad que fue nombrado Ada, basado en los principios de su trabajo. El legado de Ada nos recuerda la fructífera empresa que resulta para la humanidad acercar a las niñas desde temprana edad a la educación, rodearlas de mentoras capaces, reconocerlas en su camino y equiparlas con los materiales necesarios para que puedan trascender haciendo realidad todo aquello que se imaginan.

Busca en los periódicos impresos o en línea la
hazaña de una mujer valiente y pégala aquí abajo:

Ahora identifica todos los lugares donde
dice su nombre y sustitúyelos por el tuyo.
Escribe la nueva versión aquí abajo:

Amelia Earhart

(1897-1937)

Por Karla Lara

¿Te imaginas tener un sueño tan grande que parezca imposible? Ésa era la especialidad de Amelia Earhart.

Amelia nació en Kansas el 24 de julio de 1897, en una época en la que se esperaba que las niñas solamente se comportaran de cierta manera. Su infancia tuvo algunas turbulencias: vivió con sus abuelos y enfrentó decepciones con el alcoholismo de su padre. Su madre cuestionaba su personalidad inquieta, porque Amelia siempre tuvo sueños fuera de lo común, pero a pesar de eso, siempre la apoyó.

La primera vez que Amelia vio un avión no quedó sorprendida, pero años más tarde tuvo la oportunidad de subirse a uno y desde ese momento supo que era algo que tenía que hacer. Tuvo distintos trabajos para poder tomar clases y, seis meses más tarde, con sus ahorros y el apoyo de su mamá, pudo comprar una avioneta que bautizó como *El Canario*.

Amelia era una de las pocas mujeres del mundo que tenía una licencia de vuelo de la Federación Aeronáutica Internacional, y en 1928 recibió una llamada que cambió su vida. La invitaron a ser la primera mujer en sobrevolar el Atlántico.

Aceptó sin dudarlo y, tras 21 horas de vuelo junto al piloto Wilmer Stultz y el copiloto Slim Gordon, lo consiguió.

A partir de ese momento decidió no detenerse ante nada, la confianza que tenía en ella misma le sirvió para romper varios récords mundiales e inspirar a muchas mujeres para lograr cosas que no se habían conseguido antes.

Su valentía y su perseverancia la impulsaron para planear una aventura más: dar la vuelta al mundo. A pesar de los riesgos, tuvo el apoyo de su esposo, George Putnam, y lograron financiar el que sería su último viaje. Aunque estuvo cerca de lograrlo, se enfrentó a distintos inconvenientes y el 2 de julio de 1937 desapareció junto con su copiloto en algún lugar del océano Pacífico.

Amelia dejó claro que volaría por el mundo para recorrer la vida sin fronteras y con absoluta libertad. Decía que mientras tengamos el corazón para hacerlo, podremos recorrer el mundo entero porque los sueños no conocen de límites, y eso aplica para los sueños de todos.

Angela Merkel

(Nació en 1954)

Por Bárbara Anderson

"En vez de hablar de política, habla de ti, de tu vida, ¡en tus orígenes está tu futuro!", le recomendó su mentor Helmut Kohl cuando iba a dar su primer discurso de campaña.

Inmediatamente Angela Dorothea Kasner regresó en su mente a Waldhof, un complejo de casas austeras en el pueblo de Templin. En ese caserío en un bosque compartió su infancia con más de 200 personas con discapacidad física e intelectual que recibían asilo y aprendían oficios en nombre de la Iglesia luterana. Allí cursó la escuela y cultivó ese carácter típico de los alemanes que quedaron del lado comunista del Muro de Berlín: la paciencia, el rigor científico, la constancia y la resiliencia.

Se recibió de física, se casó a los 23 años con un compañero universitario del que se divorciaría unos años más tarde y del que sólo conserva el apellido. Viviendo en un departamento como *okupa* y combinando sus tareas como investigadora con la organización de eventos culturales, un día la visitó su padre, que le dijo: "¡Angela, no has logrado nada!" Fue la peor recriminación que recibió en toda su vida.

Se enfocó en preparar su tesis doctoral y en ese proceso conoció a quien sería su segundo esposo, Joachim Sauer, un profesor de química a quien le gustan como a ella la ópera y el futbol.

En 1989 vio caer el Muro y cambió el laboratorio por la vida pública hasta convertirse en una de las políticas más importantes de la historia de Europa.

Comenzó como ayudante en un partido donde la fichó el canciller Helmut Kohl. En 1991 la nombró ministra de la Mujer y la Juventud y no paró su meteórica carrera hasta convertirse en la primera canciller mujer en 2005 y la más joven de la historia alemana. Hoy es la mandataria con más años en el poder en Europa.

Sin maquillaje, ni lujos, ni protocolo, el estilo de Angela es el no estilo: ella suplió la falta de carisma con su resistencia y su devoción a los datos. "Angie", como le dicen sus seguidores (entonando a los Rolling Stones), nunca toma decisiones emocionales, todo es el resultado de muchas entrevistas y acuerdos.

Es una política poco común que prefiere capotear problemas complejos y le tocó enfrentar la crisis financiera de

2008, la del euro en 2012, la migratoria de 2015 y la del coronavirus en 2020.

Sin duda su gran legado es haber recibido un millón de refugiados del terrorismo islámico. Le valió la pérdida de popularidad en su partido, el despertar de grupos xenófobos, la impiedad de otros líderes y hasta el título de *Mutti* (mamá) por parte de la oposición. "Viví mucho tiempo detrás de un muro para desearlo de vuelta", dijo.

Hoy, la canciller que nunca tuvo hijos, también es llamada *Mutti* por esos refugiados que fueron absorbidos por la cuarta economía más poderosa del mundo.

En 2021 se acaban sus cuatro mandatos consecutivos y prometió retirarse de la política. Deja un país más diverso, más igualitario, más generoso y sin dudas la nación más fuerte de Europa.

Describe la última vez que tuviste miedo:

_____
_____
_____
_____

¿Cómo se sentía emocionalmente?

_____
_____
_____
_____

¿Cómo se sentía físicamente?

_____
_____
_____
_____

¿Lo superaste? _____

¿Alguien te acompañó en esta lucha contra tu miedo?

_____
_____
_____

¿Cómo prevaleciste? o ¿Por qué no lo intentaste?

_____
_____
_____
_____

Antonia Brico

(1902-1989)

Por Anamar Orihuela

Antonia Brico fue una mujer completamente fuera de serie que rompió con todos los paradigmas de su tiempo y se atrevió a abrir un camino jamás transitado en el ámbito de la música clásica. Ella se convirtió en la primera mujer en dirigir una orquesta en un tiempo donde la dirección musical era sólo un trabajo para hombres; eso era impensable y fuera de todo alcance para una mujer.

Desde niña, supo que quería dirigir una orquesta. Seguramente sus padres pensaron que se le pasaría el deseo, pero no, nunca abandonó esa idea y se atrevió a pagar el precio de semejante sueño al enfrentarse a un mundo exclusivo de los hombres; allí tuvo que vivir el machismo, el rechazo y la crítica durante años.

A mí me encanta entender los orígenes de las personas y las circunstancias de su infancia porque eso me dice mucho del guerrero que hay detrás de algunas historias. Ella fue una niña adoptada, sus padres biológicos jamás supieron sobre el ser que gestaron y de ellos nada se sabe. Cuando se graduó de la secundaria, sus padres le confesaron que era adoptada y esa noticia fue tan fuerte que los abandonó y jamás volvió a la casa materna.

Antonia Brico era una mujer decidida, fue la primera estadounidense de la historia graduada en dirección orquestal, en 1927. A los 28 años debutó como directora de la orquesta filarmónica de Berlín; fue la primera mujer que lo hacía. Todo esto se dice fácil, pero enfrentaba muchas críticas y rechazo sólo por ser mujer. Los críticos estadounidenses decían: "Es una desgracia que una mujer dirija una orquesta".

Saltó a la fama hasta los 73 años, luchó toda su vida por ganarse un lugar y lo consiguió, dando paso a todas las mujeres que hoy pueden ser directoras de orquesta y hacer realidad un sueño perfectamente posible y alcanzable. Para concluir su carrera de forma exitosa creó en 1934 la New York Women's Symphony.

Antonia Brico es un ejemplo de cómo se logra una transformación por medio de la creatividad, el trabajo, la constancia y el enfoque en lo que queremos lograr. Actualmente honramos y recordamos a esta gran mujer, pues hoy más que nunca necesitamos una inspiración así que nos recuerde que la lucha continúa para construir realidades más bellas y justas para las mujeres que vienen.

TRANSFORMAR EL DOLOR EN BELLEZA

Aretha Franklin

(1942-2018)

Por María Eugenia Mayobre

Una noche de diciembre de 2015 una mujer sentada frente a un piano hizo llorar al presidente de su país. A él, y a muchos otros en la misma sala. Y es que cada uno de los presentes sabía que estaba ante una de las personas más importantes de la historia de la música y de los Estados Unidos. La primera mujer en pertenecer al Hall de la Fama del Rock and Roll. La "cantante más importante de todos los tiempos". Una artista capaz de convertir una sala de conciertos en una experiencia espiritual: la Reina del Soul, Aretha Franklin.

"Franklin transformaba la dificultad y el dolor en algo lleno de belleza, vitalidad y esperanza." Así la describió aquel presidente, Barack Obama. Y sí, la vida de Franklin no fue ajena al dolor: a los 14 años, cuando lanzó su primer disco, ya había perdido a su madre y estaba embarazada de su segundo hijo. Más adelante lucharía contra el alcoholismo, la depresión y la violencia doméstica. Además, viviría una de las épocas más convulsas en la lucha por la igualdad racial en Estados Unidos. Y, sin embargo, logró convertir ese dolor en un poderoso canto a la belleza y la igualdad.

Aretha Franklin nació en 1942 y creció cantando música gospel. A los 18 años dio el salto a la música secular y, en 1967, adaptó un tema de Otis Redding, "Respect", que acabó convirtiéndose en un himno del feminismo y los derechos civiles. En sus más de 50 años de carrera, Franklin cosechó multitud de éxitos: ganó 18 premios Grammy, vendió 75 millones de discos, obtuvo un premio Pulitzer y hasta recibió la Medalla Presidencial de la Libertad.

Franklin fue, por encima de todo, una mujer que logró inspirar a un país. Su voz, tanto en el escenario como fuera de él, fue un motor de cambio social. Como ella misma afirmó en 1970, "debes perturbar la paz cuando no puedes conseguir paz", y Franklin, sin duda, perturbó la paz de su época. Aunque su cuerpo ya no está en este mundo, su inigualable voz seguirá inspirando a generaciones.

Carmen Félix

(Nació en 1985)

Por Violeta Santiago

"En casa me decían desde chiquita: 'Piensa o visualiza qué quieres ser de grande o cómo quieres ser y luego pregúntate qué pasos tienes que seguir'".

Estudió Ingeniería en Electrónica y Telecomunicaciones, becada en el Tecnológico de Monterrey. Fue de las pocas mujeres en esa carrera. Aunque sabía de su valor e inteligencia, en ocasiones sintió que tenía que demostrar su capacidad para ser tomada en serio, tanto por su género como por su juventud: "Tienes que esforzarte más como mujer para probar o probarles que sabes, cuando yo no veo que sea tanto así para los hombres".

Decidida a cumplir su sueño, ingresó a la maestría en Ciencias Espaciales en la Universidad Internacional del Espacio, en Francia. Escuchó que sería difícil, que para qué se desgastaba estudiando eso, pero se concentró en su pasión.

Carmen se convirtió en la primera astronauta análoga mexicana: probó trajes espaciales en sitios que simulan el terreno de Marte. Su compromiso con la ciencia continúa con el trabajo que hace en el campo de la seguridad para viajes espaciales y es candidata a astronauta científica para vuelos espaciales comerciales.

No cree en "carreras de hombres o mujeres", sino en las personas y sus pasiones: "¡Crean en sí mismos! Si te quedas con el miedo, no estarás ahí. Yo me animé y aquí estoy".

Carmen abrió una brecha que lleva al espacio. Aunque todavía sueña con alcanzarlo, tiene otras metas fijas en la Tierra. Una de ellas es acercar la ciencia a niños y niñas y que un día las científicas tengan oportunidades sin ser discriminadas.

@tahneeflor

Cathy Freeman

(Nació en 1973)

Por Mara Patricia Castañeda

Es una mujer que escribió su historia sobre las pistas de tartán, encendiendo un pebetero que iluminó al mundo a principios de siglo. Su valentía se construyó por la velocidad para alcanzar a su propio destino, haciendo de su origen su permanente orgullo ante los ojos de la discriminación.

Entre el azúcar, el carbón y el mar, nació la mujer que vendría a separar el deporte de la política. Fue en Mackay, Queensland, una de las regiones aborígenes de Australia, ubicada en la costa oeste, donde nació Catherine Astrid Salome Freeman, el 16 de febrero de 1973.

Cecelia y Norman Freeman, divorciados en 1978, jamás imaginaron que estaban dándole vida a la octava mujer más rápida de todos los tiempos. Cathy pasó su infancia con cuatro hermanos; la mayor de ellos, Anne Marie, falleció a los 34 de parálisis cerebral.

Bruce Barber, su padrastro, con disciplina y amor la tomó de la mano a los cinco años para entrenar y fortalecer las piernas de una pequeña que cautivó al planeta por su origen, formando así a quien sería una campeona olímpica.

El equipo de atletismo australiano de relevos la integró a sus filas a los 16, ya con varios premios de su región, y de su país, y con ellos ganó "el oro" de los 400 metros de relevos en Nueva Zelanda. Cathy alternó el atletismo con el colegio, obtuvo una beca en la Kooralbyn International School, porque para ella la educación de los niños es la base de una vida recta. Tanto así, que hasta 2012 fue embajadora de la Fundación de Educación Indígena de Australia.

Por supuesto que para una mujer aborigen de 1.64 de estatura los caminos no fueron del todo planos, tuvo que brincar obstáculos, vencer miedos, pero al final levantar los brazos en la vuelta de la victoria. En las manos la bandera aborigen y la bandera australiana, prohibidas en los Juegos Olímpicos, y en el brazo derecho tatuado: *Cos I'm free*.

Freeman es una mujer que aprendió la sabiduría del tiempo. Cuándo llegar, pero también cuándo retirarse, dejando un legado que va más allá de la velocidad. Se convirtió en una activista, dedicando su tiempo a obras comunitarias y acciones caritativas en diversos lugares del orbe. En 2007 creó la Fundación Cathy Freeman, que atiende la educación de los pequeños australianos indígenas y no indígenas.

Cathy Freeman iluminó la Ópera de Sidney en 2020 para celebrar dos décadas de aquella medalla de oro que ganó por su competencia preferida: 400 metros planos. Su presencia en las pistas la convirtió en una efigie nacional, sin embargo, su labor fuera de ellas convirtió a "La Perla de Australia" en un ícono mundial.

¿Qué te inspira a ser valiente?

Enlista todo lo que se te ocurra.
(Te ayudamos a arrancar con algunas ideas.)

- [ ] Presenciar en los deportes cómo alguien se sobrepone a una carencia física y logra conquistar su objetivo.
- [ ] Ser testigo de un gran discurso que defiende una postura válida y logra cambiar opiniones.
- [ ] Ver películas inspiradas en vidas extraordinarias.
- [ ] Escuchar historias de las mujeres que conozco que han superado grandes adversidades.
- [ ] Leer historias de mujeres que no conocía. (Ya vas de gane con este libro entre tus manos.)

- [ ] _____
_____
- [ ] _____
_____
- [ ] _____
_____
- [ ] _____
_____
- [ ] _____
_____
- [ ] _____
_____

Busca exponerte más a esto que has apuntado y palomeado.

Chimamanda Ngozi Adichie

(Nació en 1977)

Por Laura Coronado Contreras

Una joven nigeriana que viaja a Estados Unidos como estudiante universitaria, que se enfrentará por primera vez al racismo, es la trama inicial de *Americanah*, la multipremiada novela. Al igual que la protagonista de su libro, Chimamanda dejó a los 19 años la ciudad de Nsukka, donde pasó su infancia, para estudiar Comunicación y Ciencias Políticas en Connecticut. Su valentía y tenacidad la llevaron a recibir distintas becas para estudiar Escritura Creativa en la Universidad de Johns Hopkins y una Maestría en Historia Africana por Yale.

¿Sería suficiente para una mujer auténtica que deseaba compartir sus experiencias sobre migración, diversidad, racismo e identidad?

Definitivamente, no.

A través de sus TED Talks: *El peligro de una historia única* y *Todos deberíamos ser feministas*, le dio la vuelta al mundo y abrió un verdadero debate acerca del papel de las mujeres —y de los hombres— en la búsqueda de la igualdad. Como ella misma dice, "ser feminista no es sólo cosa de mujeres" porque "el propósito del feminismo es que llegue un día en que no lo necesitemos".

Rodeada del ambiente estudiantil del campus en donde sus padres trabajaban, fue una lectora entusiasta que se percató prematuramente de la influencia y los estereotipos de la literatura en inglés. Una escritora precoz y atrevida, que pronto superó a aquellos primeros personajes suyos que dibujaba a los 7 años, de ojos azules y entre la nieve, para convertirse en un agente de cambio al darle vida y voz a protagonistas africanas, de clase media, conscientes de su realidad. Con un estilo honesto, empático y su particular humor, permitió que ahora pudiéramos encontrar en la literatura a mujeres como ella. La conexión con Chimamanda es innegable. Recreando su entorno, su país, su siempre relegado continente, sus amores y desencuentros, nos ayuda a su vez a encontrarnos a nosotros mismos en cualquier parte del mundo.

Ganadora de premios por sus novelas, convirtiéndose en un referente a través de sus ensayos e impartiendo clases de lectura y escritura en su país y en Estados Unidos, ella se define como alguien que "cuenta historias".

Historias de mujeres valientes, que abren camino como ella misma lo ha hecho. Historias que inspiran a otras —y a otros— a vencer sus propios obstáculos a través de sus talleres y libros. Historias que siguen contándose y que son sólo el inicio de un mundo sin etiquetas, con educación, oportunidades, en donde las niñas no tengan que alaciar su cabello para cumplir con estándares sociales, donde —como en sus libros—, brille *Medio sol amarillo*, veamos *La flor púrpura* y sepamos *Cómo educar en el feminismo*. Chimamanda nos guía a través de sus ojos, grandes, perspicaces, soñadores e inquietos, enseñándonos que "la cultura no hace a la gente, la gente hace a la cultura".

Llena la siguiente ID de tu miedo:

Nombre:

_____

Apellido:

_____

Origen (la raíz de tu miedo):

_____

**Fecha de nacimiento
(cuándo surgió):**

_____

Aspecto físico del miedo
que se identifica

_____

(Dibújalo)

Ya que le pusiste cara a tu miedo, invítalo, que te acompañe a tomar un café, sácalo a pasear al parque, hazle un espacio a tu lado en el sillón, no lo niegues, ni lo ignores. Es inevitable que te siga, así que mejor conócelo observa qué le da fuerzas, qué lo debilita y nunca permitas que tome el control.

Christine Jorgensen

(1926 -1989)

Por Morganna Love

Dicen que las personas trans estamos enfermas y que deberíamos curarnos. Que deberíamos regresar a pertenecer al género que se nos asignó socialmente de acuerdo a nuestros genitales. Si a una sociedad le importan tanto los genitales de sus integrantes, tal vez quien debería curarse es esa sociedad. Y la única cura es la educación.

Supe de la existencia de Christine Jorgensen, cuando estaba buscando información sobre mi propia cirugía de reasignación sexual. Me había enterado de que fue la primera mujer trans en Estados Unidos, que logró una exitosa transición. Y cuando uso la palabra "exitosa", me refiero a que no hubo complicaciones médicas ni psicológicas después de su cirugía. Ustedes podrán pensar: "¿Qué hay de 'la chica danesa'"? Bueno pues, desafortunadamente, Lili Elbe tuvo demasiadas complicaciones médicas que la llevaron a la muerte.

Christine Jorgensen nació en el Bronx, en Nueva York, el 30 de mayo de 1926. Yo no pude menos que pensar que ella y yo habíamos nacido bajo el signo de Géminis. Ella murió en el mismo mes, a los

63 años, después de haber tenido una vida exitosa, plena y llena de reconocimiento, pues además de ser cantante, actriz y fotógrafa decidió levantar la voz para visibilizar y sensibilizar a la sociedad neoyorkina de la época.

Definitivamente, eran otros tiempos y una sociedad más avanzada en cuanto al respeto. Y pienso esto porque la noticia sobre su transición y sobre su cirugía fue totalmente publicitada. Algunos medios impresos le dieron las primeras planas de sus publicaciones, y se dice que la gente la trató como a una verdadera estrella. Y lo era. Hija de un carpintero y de una madre que trabajaba en las interminables tareas del hogar, recibió todo el apoyo de ambos en su búsqueda de la felicidad. Antes de su transición, tuvo qué enrolarse en el ejército y participar en la Segunda Guerra Mundial. Cuando regresó, se dio cuenta de que para seguir viviendo la vida que merecía debía buscar aquello que le garantizaría la paz interior: una cirugía de reasignación sexual. Y allá fue, al país de "La chica danesa", a intentar encontrar su plenitud. Después de algunas cirugías, nuestra heroína pudo hallar la paz interior, la seguridad en sí misma y la fuerza para levantar la voz por tantos seres humanos que no han podido tener esa fuerza y esa voz para ser felices y sentirse en paz.

Sobra decir que siempre me he sentido completamente identificada con la historia de Christine Jorgensen. Creo que nadie mejor que yo entiende lo que ella sentía en su interior y sabe del gozo, la euforia, que se siente en el cuerpo y en la mente cuando ambos están alineados.

Alrededor del mundo existimos personas trans, que NECESITAMOS la cirugía de reasignación sexual para sentirnos plenas y en paz. No todas las personas trans la necesitamos. Para quienes nos preguntan qué se siente ser una persona trans y necesitar la cirugía de reasignación sexual: es tener que vivir con los genitales del sexo opuesto. Diariamente.

A toda hora. En cada acción y en cada pensamiento.

Mujeres como Christine Jorgensen, que decidieron luchar contra toda una estructura sistemática de la sociedad, contra las ideologías impuestas desde bebés y además hacerlo público y levantar la voz para que, actualmente, las cirugías para nosotras duren en promedio dos horas y media y sean mucho más baratas, me hacen agradecer desde el fondo del corazón de otra de esas mujeres plenas.

Como la primer y única (por ahora) cantante y actriz mexicana en hacer pública mi reasignación sexual, quiero seguir pidiendo que la gente nos vea y se sensibilice.

Deseo que dentro de 100 años sigamos leyendo historias victoriosas como las nuestras.

Tus reflexiones y apuntes sobre la valentía:

Cleopatra

(69 a.C.-30 a.C.)

Por Sofía Guadarrama

Cuando se habla de Cleopatra, la mayoría de las personas inmediatamente piensa en su belleza y sensualidad. Yo pienso primero en su inteligencia y también en su astucia, pues la inteligencia no siempre va de la mano con la audacia.

Cleopatra es, sin duda, una de las mujeres más inteligentes y audaces de la historia universal. Nació en el año 69 antes de Cristo, era hija del faraón de Egipto, Tolomeo XII, y fue preparada para ser reina: hablaba latín, hebreo, arameo y griego. Estudió filosofía, astronomía, matemáticas, política y literatura. Sin embargo, nada de eso garantizaba su supervivencia en una época misógina, sangrienta y cruel. La dinastía ptolemaica había sostenido el control del Imperio egipcio por más de 300 años y se había caracterizado por su maldad y ambición, a tal grado que se mataban entre ellos: hijos asesinando a sus madres, hermanos apuñalando a sus hermanas, padres envenenando a sus hijos. Inevitablemente Cleopatra tendría que seguir ese camino si quería sobrevivir.

Por otra parte, la dinastía ptolemaica tenía la creencia de que debía mantener la pureza de su sangre, por lo tanto, debían procrear hijos con sus hermanas, madres e hijas. Cleopatra no se salvaría de eso y tuvo que casarse con su hermano.

Cleopatra creció viendo la decadencia de Egipto y el surgimiento del Imperio romano. A los 18 años fue coronada reina de Egipto en el año 52 a.C. Su hermano de 10 años, Tolomeo XIII, fue nombrado corregente, lo cual provocó una guerra entre ambos. Tolomeo XIII era aconsejado por los opositores de Cleopatra, hambrientos de poder, por lo tanto, la vida de la joven reina estuvo en peligro todo el tiempo. Consciente de que en cualquier momento la envenenarían o la apuñalarían por la espalda, Cleopatra decidió exiliarse por algunos años. Luego, cuando el emperador romano Julio César visitó Egipto, ella literalmente entró de noche, burlando la seguridad, y se le apareció en su alcoba. A partir de esa noche se convirtieron en amantes. Desafortunadamente la historia de Cleopatra no se puede contar en un par de páginas. Se requiere un libro. Pero quiero y debo abordar un tema que me parece sumamente importante:

En las bóvedas del Museo Británico se encuentran monedas acuñadas en los últimos años de Cleopatra, las cuales ella aceptó como representación. La imagen es de perfil, tiene una nariz muy pronunciada y los rasgos faciales no son atractivos, lo cual contradice por completo el mito de la belleza excesiva de Cleopatra. Un mito que supongo fue inventado por hombres para negar la inteligencia de una mujer y sobreponer la belleza como una herramienta, o el único método para alcanzar el triunfo. Para mí, la gran virtud de Cleopatra era su intelecto, un intelecto sumamente seductor, y con eso me basta y me sobra.

¿Qué aconsejarías a alguien que se encuentra en un momento en el que necesita ser valiente?

_____

_____

_____

_____

_____

_____

_____

_____

_____

_____

_____

_____

_____

_____

_____

_____

Lee con cuidado tus palabras y dítelas a ti misma,
ahora y cuando necesites valentía.

Coco Chanel

(1883-1971)

Por Lucy Lara

Chanel es una de las casas de moda más reconocidas, y su creadora, Gabrielle, la mujer con mayor prestigio en una industria tradicionalmente dominada por hombres. Su historia está llena de trampas preparadas por ella con el fin de borrar su infancia triste, en la que, al quedar huérfana de madre, su padre la abandona en un convento. Ahí, la carencia se convierte en su compañera, pero, lejos de aceptarla, jura vengarse de ella. Y lo logra al convertirla en un lujo.

La joven Gabrielle, conocida como Coco, se torna en una singular cortesana: con cuerpo de chico, en lugar de curvas, y un carácter voluntarioso, despliega un misterio que atrae a los hombres. Así conoce a Arthur Capel, *Boy*, su gran amor, quien la apoya para iniciar su negocio de sombreros, que más tarde se transforma en una marca de ropa.

A ella se le adjudica haber liberado a las mujeres del corsé y, aunque no fue la primera, reinventó la estética, la comodidad y la elegancia minimalista al usar tejido de punto suave, rompiendo así las reglas de la moda.

Ser libre e independiente no sólo fue el mantra que delineó sus icónicos diseños: el pequeño vestido negro, el bolso capitonado, el traje de tweed, el zapato bicolor, la bisutería, las camelias, el perfume identificado con el número 5 y el labial rojo (su mayor arma para atacar) sino que también fue el motor para crear una fortuna que la ayudaría a ser mecenas de artistas como Jean Cocteau e Ígor Stravinski.

Tras casi 60 años de carrera, su regreso después de la Segunda Guerra Mundial se ensombreció al ser acusada de fungir como espía para los nazis. No obstante, Coco crea el traje de tweed, por el que será recordada y encumbrada, primero en Estados Unidos y luego en el mundo entero. Así, a sus 71 años, vuelve para reconquistar la soltura del cuerpo femenino, que Dior y Balenciaga tenían prisionero con varillas, convencida de que: "No volvería a comenzar si no estuviera segura de empezar una revolución".

Danica Patrick

(Nació en 1982)

Por Maggie Hegyi

Qué difícil es sobresalir en un deporte en el que generalmente sólo los hombres participan. Pero si pones todo tu empeño y esfuerzo, lo logras y, además, eres mejor que muchos.

Eso fue lo que hizo Danica Sue Patrick, la mujer más exitosa en la historia de carreras de coches en Estados Unidos.

Danica nació en Beloit, una pequeña ciudad al sur de Wisconsin, en Estados Unidos. Jamás pensó en ser piloto profesional, sino cantante o veterinaria. Un día sus padres compraron un go-kart para ella y su hermana Brooke.

Así, a los 10 años, Danica comenzó su carrera como piloto en el Sugar River Raceway, rompiendo el récord de karts en esa pista. Al ver su potencial, sus padres decidieron adentrarse junto con ella de lleno en el mundo del automovilismo.

Después de ganar numerosas competencias estatales y nacionales, ya con un nombre en el medio automovilístico, en 2005 Danica se convirtió en la primera mujer en liderar vueltas y terminar entre los primeros cinco lugares en su inaugural carrera en las 500 millas de Indianápolis, y tan sólo tres años después volvió a hacer historia con su victoria en la carrera de las series IndyCar en Japón 300.

Siendo amante de los retos, en 2013 entró a la Nascar y logró ser la primera mujer en ganar la famosa "pole position", marcando el tiempo más rápido en la clasificación. Ya en la carrera, terminó en octavo lugar, la posición final más alta para una mujer en la Gran Carrera Americana.

Después de cientos de carreras en Estados Unidos y Europa, a los 36 años Danica decidió retirarse, no sin antes competir en sus últimas Daytona 500 e Indianápolis 500.

En 2018 Danica terminó con 14 años de historia como piloto de autos profesional, pero comenzó a escribir otra historia, ahora como emprendedora al lanzar su línea de ropa: Warrior. También escribió un libro: *Pretty Intense*, el cual cada semana acompaña con un podcast, y es propietaria de un viñedo en Napa Valley.

Danica siempre ha aspirado a ser lo mejor que pueda ser, aunque sea en un "mundo de hombres".

Elisa Carrillo

(Nació en 1981)

Por Elena Bazán

Un solo movimiento en el ballet es tan exigente como sublime, y Elisa se entrega apasionadamente a cada uno. Al verla en el escenario, se comprueba que toda ella es fuerza, alegría. Elisa baila y nos emociona.

Nacida en Texcoco, Estado de México, estudió en escuelas mexicanas y extranjeras (Inglaterra, Alemania), y hoy es la primera bailarina del Staatsballett Berlin y embajadora de la Cultura de México.

Durante la interpretación de una pieza, ella ve un punto fijo en el horizonte o a su elenco, no hay más ahí: todo es la música, la secuencia, el espacio, la respiración agitada, la intermitente sonrisa. Y el resto del mundo observa. Es por ello que la cercanía y la admiración a una bailarina son necesarias, porque nos conecta con lo que no todos sabemos: que la danza es para el goce de quien la ejecuta, de quien la ve, de quien la comparte.

Conocemos hoy a una docente y artista consagrada cuyo cuerpo y alma han interpretado a los clásicos, a los más grandes coreógrafos y sus propias creaciones. Destacan sus premios Dance Open de San Petersburgo 2013, Benois de la Danse 2019 y Alma de la Danza 2019, máximas condecoraciones de la danza clásica. Cada uno se lo ha dedicado a su familia y a México, y este rasgo, recibir ovaciones en los teatros más famosos para luego compartirlos con su gente, cuenta la historia de una mujer tan talentosa como generosa.

Tras una vida comprometida con el baile, una de las lecciones que comparte es la entrega al máximo; éste ha sido el camino para su éxito.

Pequeños, grandes, quién no quisiera volar como ella. Para que tengamos la oportunidad, en la butaca o en el escenario, creó la Fundación Elisa Carrillo Cabrera A. C. con apoyos a la docencia, promoción de la danza y bailarines, además de dirigir Danzatlán. Bien merecida tiene Elisa la nominación de Forbes como "una de las cien mujeres más poderosas de México". Porque Elisa nos da orgullo.

Ha sido la primera bailarina mexicana en lograr extraordinarios reconocimientos en la danza clásica y la aplaudimos de pie.

"Cuando salgo al escenario quien baila es México", ha comentado.

@tanneeflor

Elizabeth Blackwell

(1821-1910)

Por Eli Martínez

"No es fácil ser pionera pero... ¡es fascinante! No cambiaría un instante, ni siquiera el peor, por todo el oro del mundo."
Elizabeth Blackwell

Aprecio la libertad de ser, hacer, pensar y sentir que me dieron mis padres; de luchar por mis ideales incansablemente, de rebelarme ante lo que no estoy de acuerdo. Estoy segura de que si no me hubieran formado con esta capacidad de cuestionar creencias, de considerar a cualquier ser humano con la misma dignidad y valor, estaría destinada a ser lo que la sociedad esperaba de mí; desarrollar el rol tradicional de mujer que corresponde al siglo XIX, aquella que apaga sus anhelos más profundos, sus pasiones y ganas de vivir, aprender y aportar lo mejor de sí misma a esto que llamamos vida.

¡Uy! Ni en sueños imaginé llegar tan lejos... Sin modestia, ya que una mujer que logra obtener un título universitario es porque le costó el doble o triple de trabajo que a un hombre hacerlo en estos tiempos. Orgullosamente soy la primera doctora en el mundo, ¿lo pueden creer? ¡Jaja! Cuántas veces escuché todas esas voces que me decían que no lo lograría, que era imposible, que jamás llegaría a ejercer... Cuántas veces me cerraron puertas, se burlaron de mí y me negaron oportunidades para las cuales estaba sobrecalificada por el simple hecho de no ser hombre. Y sí, estoy de acuerdo en que no fue fácil, ¡ay!, pero cómo lo disfruté... Tenía que luchar por mí y por las demás para abrir puertas, derribar muros y generar nuevas posibilidades.

En realidad, cuando era joven no sabía que quería estudiar Medicina (pero estoy segura de que la vida te pone enfrente el camino que necesitas seguir, solamente hay que darte cuenta de las señales). En la biblioteca del reverendo John Dickinson —con quien viví cuando era maestra—, fue donde me enamoré de la medicina a través de los libros y con su apoyo intenté ingresar a múltiples universidades, lográndolo finalmente en la Geneva Medical College de Nueva York, porque al preguntar a los demás estudiantes si tendrían alguna objeción en que entrara una mujer, pensando que jamás me admitirían, respondieron que no habría problema. Y así fue el comienzo de una carrera profesional llena de obstáculos, pero también de muchas satisfacciones. Lo mismo pasó cuando viajé a Europa, no me dejaban ejercer y terminé de partera. Al regresar a Estados Unidos, abrí junto con mi hermana la New York Infirmary for Indigent Woman and Children (Enfermería para las mujeres y niños indigentes de Nueva York), operada por mujeres, ya que los hombres no quisieron colaborar con nosotras.

Por último, les cuento que también escribí artículos y varios títulos como mi autobiografía *Pionner work for women* (1805), *La educación física de los jóvenes* (1852), *El elemento humano del sexo* (1884) y *Primeros trabajos para la apertura de la profesión médica a las mujeres* (1895) son algunas de mis obras, por si te interesa conocer más sobre mi trabajo.

Les comparto un poco de mi vida, porque confío en que viene el tiempo de transformación de las mujeres. Un tiempo de unidad, equidad y dignificación para lograr una mejor vida para todos. Y recuerda, mujer: ¡Que nadie te diga que no puedes! ¡Sólo hazlo!

Describe tu escuela, oficina, comunidad, ciudad o país ideal:

_____

_____

_____

_____

_____

_____

_____

_____

¿Qué cambio puedes hacer, desde donde estás parada, para acercarte más a esta visión?

_____

_____

_____

_____

_____

_____

Mère Brazier
MICHELIN STARS
✿ ✿ ✿

@Loopartdesign

Lyon

Eugénie Brazier

(1895-1977)

Por Dominika Paleta

Tenía claro que su destino sería entre carnes y verduras desde que en un bullicioso día de mercado le hizo saber a su madre que era hora de nacer.

Eugénie tuvo una larga e intensa vida. Difícil desde el comienzo, estuvo al cuidado de los animales en la granja a los cinco años y perdió a su madre a los 10, por lo que fue separada de su familia y llevada a vivir a otra granja lejana.

Nunca fue fácil, las mujeres de aquel entonces no tenían oportunidades de estar al mando y materializar objetivos ambiciosos. Cuando se dio cuenta de que con su trabajo de niñera no le alcanzaba para sobrevivir, Eugénie se abrió camino en un mundo donde ser un chef reconocido en Francia era sumamente difícil, aun siendo hombre y habiendo estudiado técnicas culinarias, no se diga como mujer que aprendió detrás de los fogones.

Después de trabajar en la cocina de algunos restaurantes, se arriesgó a abrir el propio en Lyon, en 1921, que se volvió un favorito de la región, con un menú que, aunque variaba poco, se distinguía por la perfección de sus guisados. La selección de ingredientes de primera calidad era una constante en la cocina de Eugénie y la simplicidad se volvió su sello, alejándose de la opulencia de platos pretenciosos de la gastronomía francesa.

Gracias a su talento recibió el máximo reconocimiento de la Guía Roja en una casona llamada La Mère Brazier, situada cerca de Lyon, convirtiéndose con ello en la primera mujer en alcanzar tres estrellas Michelin y la primera chef de la historia que llegó a conseguirlas en dos ocasiones, logrando así que Lyon destacara en la escena culinaria y fuera denominada la segunda capital de la gastronomía francesa.

Ha sido ejemplo e inspiración para muchos cocineros por la sencillez de sus platos, por ser fiel a sus raíces y permanecer en su localidad para heredar sus conocimientos y enseñar a jóvenes chefs la perfección de sus guisos.

A pesar de sus propias carencias, fue una mujer que se abrió camino contra corriente y agasajó a miles de comensales desde la autenticidad de su cocina.

Gabriela Mistral

(1889-1957)

Por Carla Guelfenbein

Gabriela Mistral tenía nueve años cuando la acusaron de robar cuadernos de su escuela. Vivía entonces en Montegrande, un pueblo anclado entre montañas secas y salares, un lugar al que ella volvería una y otra vez en su poesía y donde pidió ser enterrada. *Tierras blancas de sed / partidas de abrasamiento, / los Cristos llamados cactus / vigilan desde lo eterno / Soledades, soledades, / desatados peladeros.*

Cuando la acusaron de ladrona, los chicos del pueblo comenzaron a asaltarla en la plaza, a insultarla y a burlarse de ella. La expulsaron del colegio, y para no aplastarla con el cargo de ladrona, se colocó en su certificado que era expulsada por deficiente mental.

Fue su hermana Emelina quien se encargó de su educación. Fuera de las aulas y del mundo que hasta entonces había compartido con los demás niños, la soledad se hizo intensa y real. Había que atender los quehaceres del campo, darle un orden y un sentido a la vida.

Sobrevivencia, imaginación y sentimiento. Éstos son los principios que según Gabriela la sustentaron esos años. Desde los márgenes, en los confines del mundo, Mistral incubó su genio, su sensibilidad, su valentía, su fuerza.

Tal vez porque nunca recibió una instrucción formal, pensó largamente en cómo debía ser la educación. A los 15 años ya era maestra rural. Luchando contra prejuicios de académicos e intelectuales que intentaron defenestrarla mil veces por considerarla advenediza e indocta, jugó un rol fundamental como pensadora, militante y gestora de la educación pública y democrática en nuestro continente americano.

Siempre del lado de los desposeídos, de los campesinos, de los indígenas. Rompiendo las imposiciones de su tiempo y las limitaciones de su origen, abrió caminos a las mujeres que la sucedieron.

Somos viejas, somos mozas / y hablamos hablas latinas / o tártaras o espartanas / con frenesí o con agonía/ y los dioses nos hicieron/ dispersas y reunidas.

Su palabra de desierto, arcaica, errante, compasiva, su palabra luchadora, atravesó continentes y mares y en 1945 la academia sueca le otorgó el Premio Nobel de Literatura, convirtiéndose en la única mujer latinoamericana en haber recibido este galardón hasta el día de hoy.

Gertrude "Trudi" Blom

(1901-1993)

Por Patricia Armendáriz

Muchas mujeres que no reciben suficiente amor paterno o materno buscan desesperadamente ayudar a los desvalidos para sanar su herida, protegiendo y buscando el amor que les faltó. Éste fue el caso de Gertrude Blom, quien defendió un gran legado para la humanidad: la selva Lacandona.

Suiza de nacimiento, hija de un padre que la rechazaba por su espíritu socialista, Trudi, como la llamaban, avizoró su destino desde muy pequeña: "Me gustaba jugar y hablar de los indios y nunca tuve la menor duda de que algún día los conocería y trataría". La misión de esta valiente activista y fotógrafa cobró impulso a partir de su viaje a América en 1940, durante el cual protegió a los migrantes que fueron víctimas del nazismo: "Cansada de la corrupción y aburrida de nuestra cultura [viajé pensando] para encontrar una mejor forma de sociedad". Se estableció en México, donde primero apoyó a los trabajadores textiles de Jalisco, luego estudió a las soldaderas del movimiento agrario, y, finalmente, llegó a Chiapas en 1943, donde inmediatamente se internó en la selva Lacandona, enamorándose de ella, de sus habitantes y del arqueólogo Frans Blom, quien sería su compañero de vida.

Su amor por los lacandones provino más bien del reconocimiento de los valores fundamentales del ser humano en ellos: "Tienen los lacandones y otras culturas que llamamos con nuestro típico orgullo occidental, primitivas, grandes valores y muchos que nos pueden ayudar a mejorar nuestra sociedad". "Son señores y tienen la mentalidad de la gente que nunca conoció la esclavitud ni la servidumbre. No poseen ningún sentimiento de inferioridad. Para ellos el blanco no es gente superior. Es otra gente, nada más."

Gertrude también encontró en la selva al otro amor de su vida. "Lo cierto es que Yartrur [como la llamaban los lacandones] y yo, como los bejucos, comenzábamos a treparnos en el tronco de una vida", escribe Frans. Asimismo en la Lacandona Trudi logró finalmente ser amada. Dijo Frans: "Ya no me parece tan extraño que del pie del lejano Matterhorn viniera una mujer, una hembra, en quien los varones lacandones creen, a la que aman y respetan".

Gertrude se convirtió en la madre de la selva y de los lacandones defendiendo la naturaleza y sus valores centrales, bajo el cobijo de NaBolom, organización civil que fundó en 1950. Un año más tarde logró que su voz de auxilio ante las invasiones de otras etnias depredadoras se escuchara: "Soy la más violenta defensora de esta tierra que no puede solucionar el problema de los campesinos sembrando maíz en tierra de bosques tropicales y subtropicales. Sé también que necesitamos los pocos bosques que quedan en el mundo como pulmón de la humanidad". Tras 20 años de lucha, sus esfuerzos cobraron frutos: en 1971 logró que el ex-presidente Luis Echeverría decretara la protección de 1.5 millones de hectáreas de la selva Lacandona y otorgara 614 321 hectáreas selváticas a 66 jefes de familias lacandonas. Gertrude también definió su concepción del progreso: "No quiere decir superindustrialización. Quiere decir lograr una vida en un ambiente sano donde todos tengan qué comer y vestir. Tiene que querer decir actuar para salvar a nuestro país y a nuestro planeta de la destrucción".

Su lucha llevó la maternidad más allá de la simple descendencia: tomó a la selva bajo su cobijo, la hizo su causa y luchó por defender su vida a toda costa bajo la misión de legarnos una mejor sociedad.

Tu playlist valiente se compone de las siguientes canciones:

(Te proponemos algunas para ayudarte a arrancar.)

1. "Ella" de Bebe
2. "Girl on Fire" de Alicia Keys
3. "Sin miedo" de Rosana
4. "Let's Get Loud" de Jennifer López
5. "Cuán lejos voy" de Sara Paula Gómez Arias
6. "Firework" de Katy Perry
7. "IDGF" de Dua Lipa
8. "The Man" de Taylor Swift
9. "Army of Me" de Björk
10.
11.
12.
13.
14.
15.
16.
17.
18.
19.
20.
21.
22.
23.
24.
25.

Greta Thunberg

(Nació en 2003)

Por Dulcinea

Greta Thunberg es toda una revolucionaria de su generación; una joven activista medioambiental, originaria de Suecia y con apenas 18 años. A su corta edad ha aparecido en cientos de medios de comunicación defendiendo nuestro planeta y dándole voz por todos nosotros. De pequeña, cuando se percató de los problemas que estaba sufriendo el planeta por nuestra culpa, entró en shock y sufrió una depresión que le afectó hasta el punto de dejar de hablar e incluso comer.

Fue diagnosticada con varios trastornos mentales como trastorno obsesivo compulsivo, mutismo selectivo y síndrome de Asperger. Greta ha declarado que todos estos trastornos le otorgan un "superpoder"; y viendo todo lo que está logrando con su energía, entusiasmo y fuerza es imposible negárselo.

Greta ganó popularidad cuando, tras unos incendios forestales en Suecia debidos a una ola de calor en 2018, se presentó todos los días a las puertas del parlamento de Suecia con un cartel que decía "Huelga escolar por el clima" para exigir al gobierno sueco que redujera sus emisiones de carbono. Siguió yendo cada

viernes generando así un precedente y ejemplo a seguir para muchos jóvenes de diferentes países, quienes también irrumpieron en olas de huelgas estudiantiles para apoyar al planeta por todo el mundo.

Ella no sólo lo proclama, sino que también lo practica, reduciendo al máximo su consumo de plásticos, dejando de utilizar medios de transporte contaminantes, siguiendo una dieta vegana, entre tantas otras cosas. Para muchas personas, Greta es un referente, una chica empoderada, con las cosas muy claras, que está cambiando el modo de ver el mundo de los jóvenes.

Ella es el claro ejemplo de que si quieres algo debes luchar y no rendirte. Nos ha hecho abrir los ojos sobre una emergencia global de la que todos somos responsables como seres que coexistimos en este maravilloso planeta. En la vida hay muchas cosas importantes, pero nada más valioso que el tener valores y ser fiel a ellos. Greta es honestidad, fuerza y entereza. Ella da su voz por nosotros y no podemos más que estar agradecidos. Una voz que proclama que este planeta es nuestro único hogar.

Indra K. Nooyi

(Nació en 1955)

Por Paula Santilli y Mónica Bauer

Madras, India. Dos hermanas pelean en la mesa por dar el mejor discurso. Su mamá las desafía a proponer sus ideas como si fueran un primer ministro o cualquier otro líder mundial. Las niñas se esfuerzan por articular las mejores propuestas.

Años después, Indra Nooyi llega a su casa en Connecticut, Estados Unidos. La espera su mamá. "Hola, mamá. ¡Tengo una gran noticia!" "Hija, no hay leche para mañana", responde la madre. "Las noticias pueden esperar". Para aquella mamá tradicional, lo primero es ir por la leche, luego las novedades en el trabajo de su hija. Cuando Indra vuelve con la leche, pregunta: "¿Ahora sí te puedo contar la noticia? Me acaban de decir que seré la próxima CEO de PepsiCo".

Indra Nooyi ha abierto el camino a otras mujeres para que puedan ejercer posiciones de liderazgo en los negocios. Durante los 12 años que estuvo al frente de PepsiCo (2006-2018) trabajó incansablemente para lograr un rendimiento sobresaliente, pero también ejerció un liderazgo excepcional que marcó a todos los que tuvimos el privilegio de trabajar con ella.

Indra fue la primera mujer CEO de PepsiCo a nivel global, una empresa multinacional que apuesta por la diversidad en todas sus formas y que hoy debe a Indra buena parte de las prácticas e iniciativas que se han puesto en marcha en favor de las mujeres. Su legado no es menor: "Desempeño con propósito", filosofía rectora de la empresa durante varios años, dejó en claro que el éxito del negocio está intrínsecamente vinculado con la sustentabilidad del mundo que compartimos. Mejorar continuamente la calidad de los productos, operar de modo responsable para proteger al planeta y empoderar a las personas en las comunidades en las que PepsiCo está presente son tres principios fundamentales que siguen vigentes.

Indra demostró con un claro sentido de perseverancia y determinación que pertenecer a una doble minoría no es un impedimento para ocupar un puesto de gran responsabilidad en una compañía multinacional. Con una trayectoria de 24 años en la empresa, su esfuerzo y entrega es hoy fuente de inspiración para todos aquellos que pudieron constatar personalmente no sólo que las mujeres son capaces de hacer cualquier cosa que se propongan, sino también que tienen la capacidad de generar un impacto positivo que beneficia a quienes las rodean.

Generosidad, empatía, sentido del humor, inteligencia y asertividad son sólo algunas de las cualidades que distinguen a Indra Nooyi. Su legado es un *sí se puede* para miles de mujeres en países en vías de desarrollo que hoy cuentan con un referente de lo que se puede lograr cuando sabemos a dónde queremos llegar.

Quisimos honrar a las mujeres,
pero hay muchas que no están
en estas páginas.
Te recomendamos que busques
las historias de:

Alexandra David-Néel

Alondra de la Parra

Cristina Sánchez de Pablos

Esperanza Iris

Frida Kahlo

Gertrude Ederle

Julia Child

Kyniska

Lila Downs

Leonora Carrington

Madeleine Albright

Matilde Montoya

Pita Amor

Remedios Varo

Ruth Bader Ginsburg

Serena Williams

Sylvia Earle

Stamata Revithi

Tania Aebi

Zenobia

8 de Enero

@tahneeflor

Isabel Allende

(Nació en 1942)

Por Susana Corcuera

Es fácil imaginarse a Isabel Allende de niña. Una pequeña de ojos brillantes, entusiasmada por el mundo recién estrenado. La puedo visualizar escuchando las historias que le contaba su abuelo, la vista fija en su cara para no perderse una palabra. Me la imagino atenta al ruido de la lluvia, a los objetos de su casa, a las voces. Sólo una niña así sería capaz de transmitir de adulta los ambientes tan suyos que atrapan desde las primeras líneas. En cuanto a sus argumentos, los senderos —en ocasiones difíciles de transitar, en otras, apasionantes— de su propia vida bastarían para varios libros. No todo ha sido fácil; el exilio y, más adelante, la muerte de su hija, Paula, muestran su fuerza interior ante cualquier adversidad.

La literatura de ficción abre puertas a mundos alternos en donde el lector habita a través de las palabras. Los cimientos de los de Isabel Allende son sus vivencias y la imaginación. Como una alquimista, ha transformado las alegrías y el sufrimiento en historias entrañables. La atmósfera, los personajes y la originalidad de las tramas hacen que nos volvamos cómplices, que tomemos partido. Que detestemos a Esteban Trueba en *La casa de los espíritus* y amemos a Clara; que nos involucremos en política en *De amor y de sombra* o nos adentremos en la selva en busca de los *Hombres invisibles*.

Lo que suele confundirse con realismo mágico es la realidad que ella ha sabido observar para luego transmitir. Que sea la escritora latinoamericana más leída no se debe tan sólo a la combinación de experiencias, imaginación e inteligencia. Se debe también a la capacidad de comunicarse con sus lectores. Cada uno de sus libros es un diálogo con quien la lee, quizás a miles de kilómetros de distancia, en un idioma distinto. Einstein decía que la creatividad es la inteligencia divirtiéndose. La niña que escuchaba, atenta, los relatos de su abuelo, hoy tiene sus propias historias que contar. Y lo disfruta tanto como sus lectores al leerla.

@loopartdesig

Isadora Duncan

(1877-1927)

Por Greta Elizondo

Reconocida como bailarina, madre y artista, pero sobre todo como una mujer que vivió bajo los términos de su propia expresión por medio del arte y la elevación del poder femenino. Nació en California en 1877, en una familia sin más lujos que la libertad de la creación artística. Acompañada por la música del piano que tocaba su madre, Isadora comenzó a bailar desde temprana edad, pero sin seguir los protocolos del ballet clásico, los cuales predominaban en esa época. A comparación de la línea técnica que representaba el ballet, ella definía su arte como la interpretación de aquellos aspectos intangibles de la naturaleza, así como la música, la poesía y las emociones.

Una característica que predominaba en Duncan era la congruencia entre sus ideales y su camino artístico por el cual orientaba sus acciones. A pesar de las dificultades económicas que atravesó durante su carrera, Isadora nunca comprometió la lealtad que le tenía a su manera de expresar la vida misma por medio de la danza.

En la búsqueda por un futuro más prometedor, la familia Duncan se mudó a Europa. Entre Inglaterra, Francia, Alemania y Rusia fue que el semblante de Isadora, descalza y utilizando una ligera túnica, comenzó a recorrer los escenarios más importantes, cautivando al público con su admirable sensibilidad artística. Pero sus hazañas, las cuales en varias ocasiones causaron controversia, no solamente prevalecieron en el escenario, sino que también se trasladaron al contexto social. Por medio de su ideología, así como su ejemplo, buscó la emancipación de la figura femenina de las estructuras sociales convencionales que limitaban la expresión y autonomía de las mujeres. Durante toda su vida se empeñó en comunicar la belleza de su abandono artístico como símbolo de la libertad de la mujer.

Isadora Duncan, gracias a su coraje, tenacidad y comunión con el arte, influenció y trascendió en la cultura de su época bajo la visión de una sociedad libre de esquemas y represiones.

Jeroo Billimoria

(Nació en 1965)

Por Sofía Macías

Siempre se cree que el idealismo y el impulso de buscar un mundo mejor están peleados con los números y con el dinero. Jeroo Billimoria es una prueba justo de lo contrario: ella encontró la manera de mejorar el mundo empoderando a más de 36 millones de niños y jóvenes enseñándoles sobre el dinero y habilidades para la vida.

Jeroo es una activista y emprendedora social que nació en Mumbai en 1965. Cuando era niña sólo quería "ser feliz y ayudar a tanta gente en el mundo como pudiera", algo que era una larga tradición familiar. Su abuela siempre trataba de ayudar en la comunidad, su madre era una trabajadora social profesional —lo mismo que ella estudió en la universidad— y casi todo el mundo en su familia era activista o estaba involucrado en iniciativas de caridad.

Ella no esperó a ser un adulto para comenzar a actuar en sus causas: a los 11 años ayudó a las trabajadoras domésticas del edificio en el que vivía a abrir su primera cuenta bancaria, "porque las mujeres deben tener independencia financiera y creer en sí mismas, yo

empecé joven, lo siento", dice en tono de broma.

Ése fue su inicio en la educación financiera, pero más adelante fundaría organizaciones como Child and Youth Finance International, que llevaría educación social y financiera a millones de niños.

En los años noventa Jeroo comenzó a trabajar con niños en situación de calle en Mumbai. Cuenta que los niños le decían que se sentían muy seguros cuando ella y los trabajadores sociales estaban, pero cuando se iban no había nadie a quien recurrir, estaban solos y asustados, por lo que decidió darles su número telefónico para que la llamaran si necesitaban ayuda. Lo que para ella pareció un gesto simple acabó por cambiar la vida de muchos de los pequeños porque ya no se sentían solos. El teléfono no paraba de sonar, casi siempre fuera de las "horas de oficina", y Jeroo corría con cada llamada para conseguirles ayuda con la policía, hospitales o refugios. Jeroo pensó que había que crear una línea de ayuda en forma y así nació Childline India, que creció muy rápidamente en el país. Después otras iniciativas similares de fuera se unieron y para

2020 Child Helpline International ya tenía líneas telefónicas de ayuda para niños en más de 140 países y recibían más de 20 millones de contactos pidiendo ayuda al año.

Jeroo tiene un talento especial para hacer escalar las iniciativas. Lo logró con Childline, pero después lo repitió con Aflatoun, que es una organización enfocada en dar educación social y financiera a niños y jóvenes, y con Child and Youth Finance International, dedicada a la inclusión financiera, temas que descubrió que podían resolver de raíz los problemas de los niños con los que había trabajado en las calles.

Tan convencida de ello está que fue parte del grupo de expertos que impulsaron que la educación financiera se incluyera en el currículo de las escuelas y como módulo opcional en la prueba PISA de la OCDE desde 2012.

Ahora que muchas de las metas iniciales de las organizaciones que ha fundado se han cumplido y avanzan con sus equipos, el objetivo de Jeroo es ayudar a escalar a otros con los principios con los que sus iniciativas lograron un alcance global. Para esto fundó One Family Foundation en 2019, una incubadora para innovación social.

Jeroo quiere "sacar la palabra pobre de nuestro vocabulario, pero a través de la educación y no de la caridad, porque el segundo método nos tomaría demasiados años".

Recorta, pega, dibuja o garabatea
imágenes que te contagian de valentía.

LA ARQUITECTA QUE CAMBIÓ LAS REGLAS

Julia Morgan

(1872-1957)

Por Magui Block

Derribó barreras y atravesó obstáculos para alcanzar sus sueños. Fue la única mujer en su clase de Ingeniería Civil en la Universidad de Berkeley, la primera en estudiar arquitectura en la Escuela de Bellas Artes de París y su despacho fue el primero dirigido por una mujer en el estado de California, siendo además el más rentable.

Durante su infancia, gracias al ejemplo de su madre y de su abuela, Julia aprendió que las mujeres eran fuertes, poderosas y no tenían que depender de un hombre; pudiendo dirigir su vida con autonomía.

Cuando quisieron casarla, ella argumentó que primero debía terminar su carrera y sus padres la apoyaron. Lejos de casa, se concentró en las actividades académicas y se conectó con otras mujeres, formando clubs y haciendo redes con el fin de apoyarse en un ambiente nuevo para ellas. Se graduó con honores (1894) y trabajó con el arquitecto Maybeck, quien la motivó a seguir sus estudios en la Escuela de Bellas Artes de París.

Viajó a París, pero le negaron la matrícula por ser mujer, así que se unió con un grupo de artistas para hacer activismo y cambiar las reglas. Durante dos años luchó y superó retos, logrando finalmente ser aceptada al tercer intento. Una vez adentro, su género dejó de limitarla porque los trabajos eran anónimos por tradición. Terminó los estudios en la mitad de tiempo que otros estudiantes y obtuvo varias medallas y menciones.

Regresó a California (1902), obtuvo su licencia como arquitecta y abrió su propio estudio, donde existía la igualdad entre hombres y mujeres. Trataba a sus empleados como a una familia, compartiendo las ganancias y ofreciendo su ayuda generosamente cuando la necesitaban. Durante sus 50 años de carrera, diseñó más de 700 edificios, de los que construyó aproximadamente 100 para organizaciones femeninas, aportando esfuerzo y dinero.

Triunfó en un mundo de hombres, batallando para ser reconocida por su habilidad y mérito, rompiendo los tabúes que existían y mostrando un corazón bondadoso en favor del derecho de las mujeres.

Julieta Fierro

(Nació en 1948)

Por Gina Jaramillo

"Puedes elegir la vida que desees cuando tú lo decidas", suele escucharse afirmar con frecuencia a la astrónoma Julieta Fierro en sus pláticas y conferencias, quizás confirmando cada vez que puede que la elección y el deseo abren universos nuevos.

—¿Qué quieres ser de grande?

—Científico.

Y en ese juego de proyección a futuro tantas veces repetido, paciera ser que no hay mucho lugar para "ser científica". Tal vez porque el desarrollo profesional en el campo de la ciencia durante siglos se asoció a lo masculino; las mujeres que inventaban objetos o analizaban en exceso cualquier fenómeno natural o cualquier cosa eran vistas como brujas misteriosas, o simplemente eran desacreditadas y desde temprana edad se les limitaba a las tareas del hogar o del cuidado familiar, lo cual a lo largo de la historia creó una profunda desigualdad en la estructura social, dando lugar a muchas injusticias. La primera y más definitoria: la división sexual de la proyección vital. Las preguntas *¿qué quiero ser?* y *¿qué puedo hacer?* eran respondidas tristemente por la fuerza biologicista y así, el deseo y la imaginación quedaban reducidos a imposiciones sociales que limitaban toda potencia personal.

Afortunadamente esto ha cambiado, hoy la lucha a nivel mundial por derribar estos estereotipos de género es inmensa, incluso existe el Día Internacional de las Mujeres y las Niñas en la Ciencia, y cada 11 de febrero el mayor compromiso es poner fin al desequilibrio de género en las ciencias y darles las herramientas a las niñas para que se desenvuelvan profesionalmente para encontrar nuevos horizontes: un desafío de descubrimiento personal, social y profesional, que independientemente del género, debería estar garantizado para todes.

Desde chiquita, las matemáticas a Julieta le parecían lo máximo y, ya de más grande, se enamoró, no de un príncipe imperfecto, sino de la perfección de la física. A lo largo de su extensa carrera ha escrito 40 libros y lleva más de 35 años socializando el conocimiento científico. Uno de sus libros incluso se publicó en maya, y ha recibido una gran cantidad de premios y distinciones a nivel mundial: porque la ciencia no tiene un idioma particular, sino que debe ser la llave para que el pensamiento tome forma, un portal al conocimiento.

Fierro es una de las pioneras en nuestro país en llevar la ciencia al ámbito de las mujeres; gracias a ella muchas niñas han conocido la astronomía y sin temor se acercaron a las ciencias. Uno de sus grandes logros fue convertirse en la primera Directora General de Divulgación de la Ciencia de la Universidad Nacional Autónoma de México, y desde ahí consiguió impulsar a otras divulgadoras y divulgadores a seguir compartiendo su conocimiento con amor y desde un punto de vista divertido. ¡¿O acaso pensabas que la ciencia es aburrida?!

Su trayectoria ha sido inspiración para miles de mujeres en México que hoy se desempeñan exitosamente en matemáticas, biología, física, química, astronomía, inteligencia artificial, entre otras disciplinas, y son capaces de resolver problemas complicadísimos sin sentirse atacadas, señaladas o culpables por lograrlo. Porque el saber no tiene límites y lo único que necesitas son las ganas de aprender y descubrir el mundo.

Julieta es una valiente excepcional. Cuando la veas, podrás reconocerla por sus largas canas plateadas que parecen brillantes vías lácteas y su potente sonrisa que ilumina todo lo que orbita a su alrededor. Tú puedes seguir sus pasos y encontrar en las ciencias una oportunidad para ir más allá de las estrellas y cumplir tus sueños.

No hay fórmula secreta: tan sólo ganas, curiosidad, perseverancia y deseo.

El decálogo de la valentía

1. Define lo que quieres.
2. Investiga todo lo que sea necesario al respecto para sentirte preparada.
3. Precisa los términos bajo los cuales estás dispuesta a obtener lo que quieres y cuáles son los límites.
4. Prepara los argumentos para defender tu posición ante los demonios que te quieran disuadir en el camino.
5. Enriquécete de los comentarios que recibas en el camino, críticos y constructivos.
6. Este es un buen momento para recordar qué fue lo que te hizo elegir este camino en primer lugar.
7. Fortalécete de la competencia o de los detractores y utilízalos como motor de tu causa.
8. Los argumentos de aquellos que te censuren pueden servirte como espejo de los que tú necesitas para avanzar.
9. No pierdas de vista tu objetivo.
10. Enorgullécete con tus logros y deja que te fortifiquen para tu siguiente conquista.

Junko Tabei

(1939-2016)

Por Aura Medina de Wit

"Es porque amo las montañas. Me encanta ir a donde nunca he estado antes. Así que me estoy desafiando a mí misma a escalar los picos más altos de todos los países del mundo. Ahora tengo 76 años, y he escalado los picos más altos de 76 países. Estoy sufriendo cáncer, pero me gustaría seguir mi camino y escalar montañas", palabras de Junko Tabei durante una entrevista varios meses antes de su muerte, compartiendo su enorme anhelo de escalar cada montaña.

Junko Tabei fue la primera mujer en llegar a la cumbre de la montaña Everest en mayo de 1975 cuando tenía 35 años, y posteriormente cumplir el reto de subir las siete cumbres más altas de cada continente.

Tabei nació en Miharu, la prefectura de Fukushima, en 1939. Era la quinta de siete hermanos y era considerada como una niña frágil y débil por su escaso metro y medio de estatura. Pero esa aparente fragilidad física no detuvo el verdadero tamaño de su espíritu. A los 10 años ascendió al monte Nasu, en Japón, y a partir de esta experiencia ya no pudo quitar su mirada de las montañas. Era como si su alma volara.

"A diferencia de otros deportes, el alpinismo no es una disciplina de competencia. Cada persona debe completar la tarea por sí misma", así describe Tabei en su autobiografía la actividad que fue su gran pasión, que le permitió conquistar no sólo la cima de 76 de las montañas más altas del mundo, sino sus aparentes limitantes físicos y los prejuicios de una época y sociedad que no aprobaban que una mujer casada y con hijos se dedicara a una actividad vista como "propia para hombres".

Junko no sólo fue valiente para escalar montañas, sino que su valor, su determinación y su gran pasión por vivir todo su potencial se hicieron patentes en cada área de su vida. A pesar de su condición humilde y desafiando los prejuicios de la época, Tabei asistió a la universidad y se graduó en Literatura Inglesa.

La ONU declaró 1975 como el Año Internacional de la Mujer y las autoridades de Nepal lo celebraron otorgando permiso para que una expedición de 15 mujeres, liderada por Junko, ascendiera el Everest, la montaña más alta del mundo. A pesar de las críticas, de la poca atención de los medios de comunicación y de haber sido sorprendidas por una avalancha que sepultó a Junko a 2 000 metros de la cumbre, siendo rescatada por los sherpas que guiaban la expedición, ésta fue un éxito. Junko y el equipo de mujeres que iban con ella nunca se rindieron, aun después del peligroso percance.

Al descender, las 15 mujeres japonesas fueron recibidas por el rey de Nepal. Con esa ascensión, la lucha de las mujeres y el movimiento del feminismo dieron un gran paso al frente. En 2008 obtuvo el galardón Mountain Hero Award del Instituto de la Montaña de Washington.

Tabei falleció en octubre de 2016 en un hospital del poblado Saitama, a las afueras de Tokio, después de luchar contra un cáncer peritoneal, dejándonos una legacía de valor y perseverancia y la gran enseñanza de que lo más importante para conseguir un sueño es la decisión y el enfoque en lograrlo.

Nuestra receta de la valentía

— ◇ —

INGREDIENTES:

- 1 minuto de verte a los ojos en el espejo y recordar el fuego que llevas dentro.
- 5 razones por las que vale la pena hacer aquello que te da miedo.
- 3 nombres de personas a las que estarás beneficiando a través de tu lucha.
- 1 recuerdo de otra ocasión en la que hayas hecho algo valiente y los resultados que obtuviste. Puede sustituirse por una visualización de lo que lograrás una vez que hayas sido valiente.

— ◇ —

MODO DE PREPARACIÓN:

1. Ubica un espacio de silencio y contemplación.
2. Mezcla todos los ingredientes y deja que se integren.
3. Reflexiona sobre la necesidad personal que tienes de tomar este paso, enfócate en el crecimiento personal, el cambio inminente, la justicia detrás, el freno a una conducta insostenible.
4. Entiende este acto como parte de la solución y no del problema.
5. Ahora estás lista para salir a ser valiente.

@tahneeflor

Karla Wheelock

(Nació en 1968)

Por Martha Carrillo

Karla Wheelock nació con corazón valiente, mente libre y alma teñida de aventura. Desde pequeña la naturaleza la sedujo y en sus primeros años como niña scout descubrió su amor por los espacios abiertos y el deseo de llegar a nuevos territorios, ya que aunque ella todavía no lo sabía, en su interior se gestó el anhelo de convertir esos cerros que recorría durante sus caminatas en la conquista de grandes montañas.

Hay quien nace para tener logros importantes, para dejar huella en el mundo e inspirar a otros y Karla Wheelock vio la luz en este mundo con esa misión, puesto que con su labor como deportista de alto rendimiento y alpinista nos muestra que las banderas con las que hay que enfrentar la vida son la valentía, el temple, la confianza, la disciplina y la voluntad. Como ella misma afirma: "La primera montaña que tienes que conquistar es la mente, quitar las limitaciones autoimpuestas y lanzarte a la conquista de aquello que desees alcanzar, sin importar los obstáculos que encuentres en el camino", como fue para ella haberse quedado, en su primer intento de escalar el Everest, a tan sólo 80 metros de la cima al descubrir que su compañero no llevaba la cuerda necesaria ni el oxígeno. Ante esta vicisitud pudo haber claudicado y clasificar este hecho como un fracaso, pero no lo hizo; al contrario, aprendió de la experiencia y dejó intacto su deseo por alcanzar esa cumbre. Tiempo después volvió a esa montaña y en aquella ocasión nada ni nadie se interpuso en su determinación, logrando así el sueño de llegar a la cima del Everest, por la ruta norte que, según los expertos, es el ascenso más difícil, convirtiéndose en la primera mujer latinoamericana en conseguirlo.

En su camino, además, se coronó como la primera mujer iberoamericana en conquistar las siete cumbres más altas ubicadas en cada uno de los siete continentes, en las que aprendió que llegar a la cima es tan sólo la mitad del camino, que estando en el pico se experimenta el gozo del aquí y del ahora y el placer de la conquista, pero que tan importante es el ascenso como lo es el descenso, porque llegar al piso de la montaña significa haber sobrevivido.

Karla Wheelock no sólo es una destacada deportista mexicana, sino también una mujer que desea a través de sus logros ser un ejemplo para sus hijas y para todos aquellos con los que comparte lo aprendido como conferencista y escritora, ya que como ella afirma: "Tu actitud determina tu altitud".

Escribe tu propia receta para ser valiente.

INGREDIENTES:

1. _____
2. _____
3. _____
4. _____
5. _____
6. _____
7. _____

MODO DE PREPARACIÓN:

_____
_____
_____
_____
_____
_____
_____
_____
_____
_____
_____
_____
_____

Kathrine Switzer

(Nació en 1947)

Por Coral Mujaes

Me pone muy feliz narrar un poco de la historia de Kathrine Switzer, alguien con carácter y gran poder, pues personifica algunos valores fundamentales en la vida de una mujer: tenacidad, convicción y fortaleza interior.

En los años sesenta del siglo pasado, cuando las mujeres todavía eran muy sumisas y vivíamos en una sociedad mucho más manejada por hombres, Kat tuvo el coraje de romper las reglas y seguir sus sueños. Uno de sus grandes anhelos era correr el Maratón de Boston, imposible para una mujer en aquel tiempo. Lo importante es destacar que ella no aceptó un "no" como respuesta a una petición del alma: no le importaron las reglas y desafió el *statu quo* cuando en 1967 envió su formulario para participar en la competencia internacional.

Cabe mencionar que, además de ser una mujer decidida, era muy astuta: puso sus iniciales y apellido K. V. Switzer, lo que le permitió no revelar su género hasta el día de la carrera. Y aquí hay que decir algo muy importante: los setenta años anteriores el Maratón de Boston había sido exclusivamente para hombres; había creencias muy tontas que afirmaban que las mujeres en los deportes no eran sexys ni femeninas.

Switzer, imponente y poderosa, fue completamente desafiante con su presencia, y usó aretes y lipstick para la carrera.

Como cualquier mujer pionera y valiente, se enfrentó a muchos retos, burlas, incluso abuso físico cuando trataron de arrancarle el número de competidora en la carrera, hecho que la llevó a casi desistir, pero, como afirmó: "Si renunciaba, nadie creería que las mujeres teníamos la capacidad de correr más de 26 millas". Switzer terminó la carrera en cuatro horas y 20 minutos, pero el mayor triunfo vino cuando en 1972, a raíz de su valiente acto, Boston aceptó oficialmente la participación de las mujeres en la competencia.

En 1974 Kathrine ganó el Maratón de Nueva York y fue nombrada corredora de la década por la revista *Runner's World*. Sus logros deportivos la llevaron a ser incluida en el Salón Nacional de la Fama de la Mujer en 2011. En 2017 Switzer volvió a correr en el Maratón de Boston a la edad de 70 años y llevó el mismo número que en aquella primera carrera, el 261, y terminó a sólo 10 minutos de su primer maratón cuarenta años atrás.

La perseverancia de Switzer, su pasión y hambre de triunfo, desde sus inicios les abrió el camino a futuras generaciones de mujeres corredoras. Su coraje y valentía hoy son el vivo ejemplo de que cuando el espíritu se une con el carácter se logra lo imposible. Actualmente la deportista de origen alemán aún desafía otros obstáculos y ofrece con ello inspiración y esperanza al mundo.

Traza, dibuja, decora la palabra VALIENTE.
Puede parecer una marquesina, un diálogo de
cómic, un letrero neón, un tatuaje, una firma... las
posibilidades son infinitas. Y la creadora eres tú.

Kathryn Bigelow

(Nació en 1951)

Por Gaby Meza

3.85 kilos no es demasiado, podrías quizá levantarlos con una sola mano. Pero existe una estatuilla cuyo peso es precisamente ése y está reservada sólo para aquellos que se atreven a romper moldes y seguir sus sueños.

Kathryn era una joven pintora que disfrutaba admirar los grandes cuadros renacentistas, tomar una pequeña parte de ellos y abstraerlos en una nueva imagen. Durante algunos años la pintura le permitió expresar su visión del mundo, pero con el paso del tiempo se sintió limitada por el lienzo. Un cuadro ya no era suficiente, necesitaba más para contar las historias que veía constantemente en su cabeza. Así que decidió sustituir el olio y la acuarela por una cámara de cine.

"Estaba muy emocionada de descubrir un nuevo mundo. Así que me aproximé a él con una anticipación exuberante, casi infantil." Fue este descubrimiento tan apasionado el que arrastró a Kathryn a empezar a filmar todos los relatos que la movían en su interior sin importar el género. Desde cintas de vampiros, westerns, atracos, policiacas y de guerra.

En la década de los ochenta el público no esperaba que una mujer se ensuciara las manos contando historias agresiva de policías implacables, motociclistas o de surfistas asaltabancos, pero eso jamás fue una limitante para ella puesto que jamás intentó encajar en ningún molde. Su visión no estaba limitada por su género y esto la llevó a convertirse en una de las favoritas para los cinéfilos en el género de acción.

En el año 2005 Estados Unidos atravesaba una crítica guerra contra Iraq. Miles de soldados perdían la vida y ella sintió la necesidad de encapsular las dificultades de las tropas norteamericanas en territorio hostil, por lo que empezó a trabajar en *The Hurt Locker*. Los riesgos de abordar esta historia eran enormes, pero gracias a su tenacidad, Kathryn logró retratar estos crudos eventos como ningún otro director había hecho antes.

Y así, el 17 de marzo de 2010 Kathryn Ann Bigelow se convertiría en la primera mujer en sostener entre sus manos esos 3.85 kilos que pesa una estatuilla dorada llamada Oscar, la cual la hizo pasar a la historia como la primera directora mujer en ganar este galardón en los premios de la Academia. *The Hurt Locker* también se llevó la estatuilla como Mejor película. "Éste es el momento de mi vida", declararía Kathryn Bigelow ante 41 millones de televidentes que vivieron ese histórico momento.

Lotería de la valentía. Se vale una línea vertical, una horizontal, una diagonal.
Si tienes el tablero completo, ¡qué valiente!

Defendí mi postura.	Compartí mis sentimientos con alguien.	Tomé una decisión acerca de mi futuro.
Puse un límite.	Probé una comida nueva.	Me comprometí con un gran proyecto.
Me atreví a algo que nunca antes había hecho.	Elegí el camino difícil.	Invertí en un emprendimiento.
Tuve miedo, pero hice lo que tenía que hacer.	Hablé por alguien que no tiene voz.	Me decidí a estar sola.

Katie Sowers

(Nació en 1986)

Por Caro Saracho

Mujer. Homosexual. Super Bowl. Tres palabras que jamás habían aparecido juntas, hasta que el 2 de febrero de 2020 Katie Sowers llegó para cambiar las reglas del juego.

Su historia no es de limitaciones, sino de certezas. Su vida no ha estado marcada por el rechazo, sino por las oportunidades, porque para ella, cada NO recibido ha significado una puerta que debe ser abierta.

Katie Sowers siempre ha tenido dos cosas claras: su identidad y su pasión por el deporte. Y siendo hija de un entrenador de basquetbol, también tenía claro que quería ser entrenadora, aunque en su momento, el futbol americano no parecía ser el camino a seguir.

Sin mujeres entrenadoras como ejemplo, era difícil imaginarse que ella se convertiría en la primera mujer dirigiendo un equipo en un Super Bowl. Pero para cambiar la historia sólo hizo falta una, Katie, que le abriera la puerta a todas las demás.

Los deportes de contacto siempre han sido parte de la vida de Katie, pero para ella nunca hubo deportes de niños o de niñas, sino equipos con los que ganar,

puntos que anotar y canchas en las que salir a dejar lo mejor de sí misma.

Ser mujer jamás ha sido una limitación, y ser abiertamente homosexual tampoco, aunque su camino no ha estado exento de discriminación.

En algún momento le dijeron que no podía ser entrenadora por su orientación sexual, pero eso sólo hizo que dejara el básquet y regresara al americano, su verdadera pasión.

También le dijeron que la NFL no estaba lista para tener una entrenadora mujer, y ella se propuso trabajar más duro y entrenar mejor que nunca para convertirse en esa primera mujer que cambiaría la historia.

Ella sabía que ese NO partía de la ignorancia, no sólo de la institución, sino de la sociedad misma. Y sabía que ella tenía todo para transformar ese NO en una historia que pudiera inspirar a todas las niñas que, como ella, hoy sueñan con estar en un equipo de verdad, entrenado en las grandes ligas, como jugadoras, entrenadoras o dueñas.

Katie se ha propuesto crear un ambiente de inclusión y tolerancia, abriendo el camino para todas las mujeres y todos los homosexuales que vengan detrás de ella.

"No importa qué es lo que hagas en la vida, lo más importante es ser fiel a ti mismo."

Sólo se necesita una mujer para cambiar la historia. Y gracias a Katie Sowers, la historia de la NFL nunca volverá a ser la misma.

¿Qué cualidades admiras más en estas mujeres?

☐ _____
☐ _____
☐ _____
☐ _____
☐ _____
☐ _____
☐ _____
☐ _____
☐ _____
☐ _____
☐ _____
☐ _____
☐ _____
☐ _____
☐ _____
☐ _____
☐ _____
☐ _____
☐ _____

Ahora palomea las características que compartes con ellas.
Sí, tú. Y sé generosa contigo, por favor.

Li Na

(Nació en 1982)

Por Myriam Sayalero (Mym Saro)

Li Na jugaba al bádminton cuando era niña, se le daba muy bien. Un día, su entrenador le aconsejó que se cambiara al tenis. Ella aceptó, trabajó duro y, con 15 años, entró en el Equipo Nacional de Tenis de China para, dos años después, convertirse en jugadora profesional. Entró en el *juguo tizhi*, el sistema de entrenamiento para deportistas de élite de China. Todo sería controlado por el Comité de Cultura, Educación, Salud y Deporte. Pensó en su padre, a quien había perdido apenas hacía un año, y su carrera profesional en el bádminton, truncada por la Revolución Cultural.

Li no podía decidir sus entrenamientos, ni sus entrenadores, ni sus torneos, ni sus finanzas. En 2001 criticó la rigidez de la organización y su abusiva fiscalidad. Para colmo, rompió la regla más inquebrantable al enamorarse de Jiang Shan, un compañero de equipo (y su futuro marido). A pesar de todo, ese año obtuvo el bronce en los Juegos Nacionales Chinos. Pero, en la entrega de medallas, el jefe del equipo nacional de tenis la abofeteó en público. Era el castigo por su rebeldía.

Li dejó el Equipo Nacional de Tenis y se matriculó en la Universidad de Huazhong para escapar del control del gobierno. No volvió a competir hasta 2004, cuando regresó para convertirse en la primera asiática en ganar un título de la WTA.

En 2008 logró separarse del sistema deportivo chino. Fue una excepción que bautizaron como "Fly Alone". En 2011 ganó su primer Grand Slam, el Roland Garros; su repercusión era tan grande que el gobierno le propuso un cargo político. Pero ella zanjó con un irónico: "Lo siento, no soy capaz de manejar a otros, sólo a mi marido Jiang Shan".

Ganó su segundo Grand Slam, el Open de Australia, en 2014, y el gobierno quiso utilizar su imagen premiándola con 130 mil dólares. Li los rechazó. Aun así, la escoltaron hasta donde se ofició la entrega. Toda China escuchó el grito de protesta en su rostro inexpresivo al recibir el cheque.

Al abandonar el tenis a causa de sus lesiones, Li tenía nueve títulos WTA en individuales, fue la primera persona asiática y la primera tenista china en ganar un Grand Slam. Logró mucho más: resquebrajó el sistema, voló libre y abrió brecha para todos los deportistas chinos, en especial para las mujeres.

Lorena Ramírez

(Nació en 1995)

Por Valentina Trava

"Todo es mental" y así lo demuestra Lorena Ramírez con cada paso que da, con cada zancada llena de resolución, con cada objetivo que logra, con cada meta que cruza. Como corredora, admiro y reconozco la fuerza física y mental de esta mujer mexicana de 25 años que ha cumplido el sueño de muchos: el reconocimiento nacional e internacional en carreras de larga distancia. En un maratón, 42.195 kilómetros, el cuerpo es llevado al límite y en muchas ocasiones, cuando físicamente las piernas se niegan a dar un paso más, es la mente la que nos empuja a recorrer metro por metro, kilómetro por kilómetro, hasta alcanzar nuestro objetivo. En carreras de fondo y ultrafondo se ponen a prueba la mente, el cuerpo y el corazón.

Nació en Guachochi, Chihuahua, en un poblado de aproximadamente 14 000 habitantes, al norte de México. Pertenece a la etnia rarámuri, que significa "pies ligeros", reconocidos por ser grandes corredores, de resistencia y largas distancias. Esta joven se ha convertido en una fuente de inspiración para muchas personas que ven en ella confianza y decisión. Lorena es valiente,

nada la detiene. En 2017 ocupó el lugar que se merece al ser reconocida en todo el mundo después de ganar la UltraTrail Cerro Rojo, en el estado de Puebla, donde recorrió una distancia de 50 kilómetros que terminó en un tiempo de 07:20:00. Ese mismo año conquistó nuevamente la meta en la Ultra Maratón de los Cañones en Chihuahua, donde sus "pies ligeros" volaron durante 100 kilómetros, y con ellos su nombre, María Lorena Ramírez Hernández, la ultramaratonista que ya ocupa un lugar en la cima de los deportistas de alto rendimiento de su país.

Con una voluntad de acero y el alma libre, viajó hasta Tenerife, España, para participar en la que sería su primera carrera fuera de México, El CajaMar Tenerife Bluetrail, considerado el segundo evento más alto de Europa; desafortunadamente en el deporte uno no controla todos los factores y en esta primera oportunidad la joven tuvo que abandonar la carrera debido a una lesión en la rodilla, pero no se dio por vencida. Al año siguiente, en 2018, regresó y lo hizo con una fuerza sorprendente, mismo evento, mismo lugar, y en esta ocasión nuestra mexicana recorrió

102 kilómetros y obtuvo el tercer lugar, convirtiéndose en "la rarámuri que conquistó Tenerife".

En cada carrera Lorena demuestra que la fuerza viene del interior, que cada uno tiene el poder de seguir o detenerse. Corre en la mayor parte de las ocasiones con la ropa tradicional de su comunidad, una falda y huaraches, sin tenis, sin relojes que determinan el paso y miden la frecuencia cardiaca, sin geles energéticos en un cinto, sin ropa especializada para lograr un mejor rendimiento, ella porta con orgullo su vestimenta, su identidad, se distingue de entre los demás corredores por ser esa mujer que avanza sin detenerse y que representa una minoría que hoy está a la vista de todos gracias a las hazañas de esta joven. A quienes hemos tenido la oportunidad de seguir su carrera, nos llena el corazón de orgullo. Lorena corre a su ritmo, pisando fuerte, en la sierra, en la montaña, entre caminos pedregosos, sorteando obstáculos, subiendo y bajando pendientes, con frío, un sol que abrasa, lluvia, hambre, sed, alcanzando la cima. El nombre de Lorena se escucha cada vez más fuerte, entre aplausos y admiración. Su carrera, como un cohete, despega, ni el cielo es el límite.

Marca los días en los que fuiste valiente,
por mínimo que parezca, en las siguientes semanas.

ENERO DE _____
D	L	M	M	J	V	S

FEBRERO DE _____
D	L	M	M	J	V	S

MARZO DE _____
D	L	M	M	J	V	S

ABRIL DE _____
D	L	M	M	J	V	S

MAYO DE _____
D	L	M	M	J	V	S

JUNIO DE _____
D	L	M	M	J	V	S

JULIO DE _____
D	L	M	M	J	V	S

AGOSTO DE _____
D	L	M	M	J	V	S

SEPTIEMBRE DE _____
D	L	M	M	J	V	S

OCTUBRE DE _____
D	L	M	M	J	V	S

NOVIEMBRE DE _____
D	L	M	M	J	V	S

DICIEMBRE DE _____
D	L	M	M	J	V	S

¿Puedes notar cómo entre más consciente la haces
y te la reconoces tu valentía se incrementa?

Malala Yousafzai

(Nació en 1997)

Por Sophie Goldberg

Si escuchas el apellido Yousafzai, lo más probable es que no sepas de quién hablo, pero si te digo Malala, seguro vendrá a tu mente la historia de una joven pakistaní que en 2012, cuando tenía sólo 15 años, fue atacada por un grupo de talibanes que se oponía a que esta chica promoviera la idea de que las niñas tengan el mismo derecho a la educación escolar que los niños varones.

Malala despertó en una cama de hospital oyendo entre murmullos lo que los médicos le decían a su familia: "Tiene suerte de estar viva. El lado izquierdo de su rostro quedará algo deforme". En ese mismo instante decidió lo que haría de su vida, aquella por la que acababa de luchar en una sala de operaciones.

A los 16 años, Malala se convirtió en la embajadora mundial por la educación de la mujer ante las Naciones Unidas. Un año después fue laureada con el Nobel de la Paz, siendo la persona más joven en haberlo obtenido.

Un sari brillante, una sonrisa asimétrica y su nombre propio, que parece estar canturreando una melodía, ponen rostro, atuendo y voz a otras mujeres cuyos derechos han sido ignorados. La vida y su activismo la llevaron a descubrir, a través de las visitas que hacía a diferentes países con su fundación, no sólo a niñas privadas de educación formal, sino la tragedia que viven jóvenes migrantes desplazadas a campos de refugiados que parecieran más bien de trabajos forzados, en donde son tratadas con hostilidad y violencia.

La vida se fractura en ese no poder volver a la tierra de origen, y no ser aceptada en ninguna otra; una herida que no sana si la identidad no es recuperada y, en ocasiones, no lo es nunca. De Yemen a Guatemala o de México a Egipto, Malala, "la niña más valiente del mundo", da expresión a otras muchas voces que quisieran gritar y no pueden. Las honra llamándolas por sus nombres y quitándoles los adjetivos. Les da visibilidad al escribir sus historias en primera persona en *We are displaced*.

Su activismo no la distrajo de su cometido: estudiar filosofía, política y economía en la Universidad de Oxford, de la que se graduó en 2020.

María Callas

(1923-1977)

Por Silvia Cherem

Soprano mítica que conquistó al mundo por gozar de una voz con un registro amplio sin precedentes —cantaba desde las notas más graves hasta las más agudas—, pasó a la historia como la cantante de ópera más famosa de todos los tiempos, pero, como suele suceder con las divas, padeció soledad, tristeza y cruel desamor.

Bautizada como Ana María Cecilia Sofía Kaloyerópulos, nació en Nueva York en 1923, hija de padres griegos que emigraron a Estados Unidos. Cuando cumplió 14 años, sus papás se divorciaron y su mamá, que la tildaba de gorda, fea y miope, se la llevó a vivir a Atenas. María se inscribió al Conservatorio Nacional, falseando su edad porque no tenía los 16 años mínimos reglamentarios y, para 1942, debutó en grandes escenarios.

A los 21 regresó a Estados Unidos para encontrarse con su papá, y Edward Johnson, el director del Metropolitan Opera House, la escuchó cantar. Johnson le ofreció dos papeles protagónicos que, para sorpresa de todos, María rechazó.

En 1947 se casó con Giovanni Meneghini, 30 años mayor que ella, esposo y promotor. Tuvo éxitos en América y Europa.

Aplaudida en Milán y Verona, fue aclamada como "la Voz de Italia" y directores como Luchino Visconti y Franco Zeffirelli la invitaron a participar en sus películas.

En 1959 Callas se enamoró de Aristóteles Onassis, un magnate griego dueño de navieras. Ella estuvo dispuesta a dejarlo todo por amor: su matrimonio y su carrera profesional. Onassis, sin embargo, se casó en 1968 con Jacqueline Kennedy, la viuda de JFK, asesinado en Dallas.

María nunca se recuperó del despecho. Murió muy joven, a los 53 años. El 16 de septiembre de 1977 fue hallada muerta en su departamento en París por un supuesto infarto, aunque se sospecha que ingirió dosis excesivas de calmantes.

Callas embrujó con su canto, su mirada magnética y su arrolladora personalidad. También por su belleza de estatua griega. Sus grabaciones, más de 70 años después, siguen siendo versiones definitivas, insuperables.

María Félix

(1914-2002)

Por Silvia Olmedo

¿Qué tanto habría cambiado la imagen de la mujer si María Félix hubiera querido trabajar en Hollywood? Digo "querido" porque ella rechazó ofertas muy importantes de los grandes estudios, y en aquella época las estrellas en ascenso de Hollywood eran consideradas los íconos de las mujeres en todo el mundo.

Me pregunto qué tipo de mujer hubieran encontrado más aspiracional las jovencitas de aquel entonces: el de María Félix, mujer fuerte, segura, retadora y de voz profunda; o el de la mayoría de las estrellas de esos tiempos, con mirada ingenua, dócil, complaciente y voz aniñada que tenía la mayoría de las actrices de Hollywood.

María Félix, también conocida como la Doña, era una adelantada a su tiempo. Personaje incómodo para unos y musa para otros, hoy está más vigente que nunca abanderando el empoderamiento femenino.

Tuvo una vida de película, perdió a un hermano, fue golpeada, la tiraron por las escaleras y le quitaron la custodia de su hijo. Se casó cuatro veces, estuvo con múltiples parejas —uno de ellos 15 años

menor— y hasta decidió adelantarse a su época alocando el género de algunas palabras: según la Doña había que llamar a los hombres hipócritos y no hipócritas. A María Félix nunca le dio miedo transgredir las normas sociales.

Muy pocos hubieran apostado por ella cuando debió escapar de su marido con su pequeño hijo. Ella estaba convencida de que tenía derecho a otra vida, aunque dentro de la sociedad de ese entonces era prácticamente impensable. Consciente del machismo y sabiendo que "calladita se veía más bonita", la mujer más bella del mundo no calló. La gran musa del cine en México y Europa aprovechó su éxito para protestar contra el machismo, condenar el maltrato a las mujeres, pero sobre todo empoderarlas para que creyeran en ellas mismas. Su discurso transgresor, historia de vida y la importancia que le dio a la educación fue y es el detonante de muchas mujeres que han logrado luchar por un futuro mejor. Incluso, varias de sus frases se han convertido en "mantras de empoderamiento".

"Protesten, quéjense, no se dejen, prepárense, hagan de su vida lo que ustedes desean y no lo que los hombres les permitan ser. Amen y háganse amar. No se conformen con poco. Esto será así de ahora en adelante."

Muchos se preguntan en realidad quién era ella, ¿la persona o el personaje? ¡Qué más da! Lo cierto es que en su juventud nos deslumbró con su belleza y en su senectud nos iluminó con su sabiduría e hizo creer a miles de sus congéneres que, a pesar de las dificultades, una mujer puede ser la Doña de su propio destino.

¿Con qué historia de las que has leído en este libro te identificas más?

_____

_____

_____

_____

_____

_____

_____

_____

¿Como cuál mujer te gustaría ser? ¿Por qué?

_____

_____

_____

_____

_____

_____

María Luisa Ross Landa

(1887 – 1945)

Por Paulina Greenham

Imagínate que nadie hubiera peleado por los derechos de las mujeres y niñas, que todas nuestras antepasadas se hubieran quedado de brazos cruzados. Que ninguna mujer se hubiera atrevido a entrar en un mundo dominado por hombres, como el periodismo, la radio, que nadie hubiera peleado por el derecho que tenemos a la educación... Quizás ni tú ni yo podríamos elegir en dónde estar o qué estudiar. Suena terrible, ¿no?

Por eso, la historia de María Luisa Ross Landa me parece fascinante:

Nació en 1887 en el estado de Hidalgo, en México. A pesar de la época en la que le tocó vivir, ella contó con excelente educación privada debido a la posición de su familia, aunque era algo a lo que pocas mujeres tenían acceso. Maria Luisa aprovechó al máximo las oportunidades y así utilizó cualquier privilegio que le fuera dado para beneficiar a la sociedad y abrirnos paso a las de su género.

Fue Maestra, actriz, traductora, ensayista, diplomática, escritora y ni más ni menos que la primera directora de Radio Educación y cofundadora de la Cruz Roja Mexicana.

Soñaba y trabajaba por la reconstrucción de un país que había sido golpeado por la Revolución. Una revolución que buscaba un cambio político y social y dejó más de un millón de muertos. María Luisa sabía que no podía dejar que se olvidara la causa, por eso se enfocó en entrar a la radio y cambiar la forma de reportear. Ella puso color y psicología a la información, cambió la narrativa y se encargó de divulgar, no solamente de informar.

Además, como directora de Radio Educación y maestra normalista, llevó información valiosa por todo el país para todos y todas, y salió a las calles a pelear por los derechos de las mujeres y niñas. Sabía francés, inglés, portugués e italiano y con estos conocimientos tradujo muchas obras europeas al español para que pudiéramos disfrutarlas en nuestro país.

No se casó ni tuvo hijos, demostrando una vez más que el valor de la mujer no radica en ser esposa o madre, sino en ser tú misma y luchar por tus sueños.

Esto y muchas cosas más son el legado de la gran María Luisa. Lamentablemente casi nadie habla de ella, sus libros están prácticamente escondidos en rincones de bibliotecas y poco se le conoce.

Por eso es tan necesario que cuando estemos en un trabajo, una universidad, cuando podamos ejercer nuestros derechos nos preguntemos ¿quién estuvo aquí antes de mí?, investigar quiénes fueron las mujeres que nos abrieron camino. Sólo así lograremos que ninguna sea olvidada y que cada paso dado haya valido la pena.

Escribe aquí las citas
que te inspiran a ser valiente:

Marie Curie

(1867-1934)

Por Nicole Domit

Marie fue una mujer extraordinaria. Su vida y logros son todavía más admirables tomando en cuenta la época y circunstancias en las que vivió.

Nació en Varsovia donde vivió hasta los 24 años. Aunque su infancia no fue fácil, siempre brilló por su inteligencia y gran amor por aprender.

En su país, las mujeres no podían estudiar la universidad, pero eso nunca la detuvo; era resiliente, generosa, súper tenaz y algo rebelde. Estudió en la Floating University (organización educativa clandestina), mientras trabajaba dando clases para pagar sus estudios y ayudar a una de sus hermanas a pagar su universidad en Francia.

A los 24 años, a pesar de su situación económica extrema, se mudó a París y estudió en La Sorbonne, donde se graduó en Física (1893) y en Matemáticas (1894), ambas con honores, y donde más adelante se convertiría en la primera mujer en dar clases.

Al salir de la carrera de Física, buscando un laboratorio para trabajar, conoció a Pierre Curie, quien se volvió su colega, amigo y, más tarde, su esposo.

Antes de casarse con él en 1895 fue a Varsovia a conseguir trabajo académico, pero se dio cuenta de que no se lo darían por ser mujer, aunque lo mereciera, y regresó a París a estudiar un doctorado y a trabajar junto con Pierre. Ella lideraba las investigaciones, que los llevaron a tener varios reconocimientos.

En 1896 comprobaron que la radiactividad no era una reacción química, sino una propiedad nuclear emitida al desintegrarse los núcleos atómicos del torio y el uranio.

Esta teoría fue importantísima y Marie tuvo el valor de proponerla, aunque cuestionara una de las bases más importantes de la física hasta ese momento (que el átomo era indivisible), por lo que se volvió la base de la física moderna. Esto mientras criaban a sus dos hijas.

En 1989 descubrieron juntos los elementos radio y polonio. En 1902 lograron extraer el elemento radioactivo (radio) del uranio, por lo que Pierre y Henri Becquerel fueron nominados al Premio Nobel de Física, pero Marie no, hasta que Pierre abogó por ella y en 1903 los tres recibieron el premio.

En 1906 Pierre murió. Marie se enfocó en sus investigaciones y suplió a Pierre como maestra en La Sorbonne.

En 1911 ganó el Premio Nobel de Química, convirtiéndose en la primera persona en recibir dos Nobel en ciencias distintas y la única mujer, hasta hoy, en lograrlo.

Además, Marie aplicó su teoría para tratar el cáncer y hacer unidades de rayos X portátiles para atender a los soldados heridos en guerra.

En 1934, Marie murió por consecuencia de la exposición a tanta radiación.

Marie es ejemplo de todo lo que podemos lograr con valentía, nobleza, perseverancia, curiosidad y confianza, aun cuando parezca que tenemos todo en nuestra contra. Como ella, todos tenemos el potencial de cambiar al mundo.

**Enlista a 5 mujeres en tu círculo más próximo
que admires por su valentía:**

1. _____
2. _____
3. _____
4. _____
5. _____

**Selecciona a tres de ellas y pídeles su mentoría
periódica (una vez al mes es más que suficiente).
Con una de ellas que acceda ya ganaste.**

**Enlista a 10 mujeres fuera de tu primer grado
de cercanía que admires por su valentía:**

1. _____
2. _____
3. _____
4. _____
5. _____
6. _____
7. _____
8. _____
9. _____
10. _____

**Contacta digitalmente a 5 de ellas
para pedirles un consejo o una asesoría.
Te sorprenderás de lo que puede suceder.**

@tahneeflor

MÚSICA QUE SUENA A LIBERTAD

Mercedes Sosa
(1935-2009)

Por Claudia Piñeiro

En el documento de identidad argentino figuraba como Haydée Mercedes Sosa. Su familia la llamaba Marta; ése era el nombre que le habría querido poner su madre, pero su padre dijo que se equivocó al registrarla. En el mundo la conocían como la Voz de América Latina. Y para nosotros, los que la queremos, los que la admiramos, fue y será la Negra.

Descendiente de calchaquíes, franceses y españoles, ganó un concurso en la radio a los 14 años, al que se presentó sin que supieran sus padres. Y desde entonces su carrera no se detuvo hasta su muerte, en el año 2009. La Negra había nacido en una familia humilde, su padre era trabajador de la industria azucarera y su madre, lavandera. Ella convirtió su origen en compromiso, por eso decía que no cantaba porque "quería", sino porque "debía". En lo que hacía, más allá del placer, había militancia, tesón y coherencia. Suscribió el Manifiesto del Nuevo Cancionero, pero a diferencia de muchos, la Negra lo honró siempre. El manifiesto se proponía buscar la integración amplia de la música popular en Latinoamérica. Pero sobre todo, fomentar el espíritu crítico del público para que

el folclor no fuera sólo un pasatiempo, sino que se tomara conciencia de su valor cultural, de su ligazón con el pasado y presente de los pueblos. Por eso ella era tan meticulosa a la hora de elegir sus canciones y tan abierta a tomar elementos de otros ritmos populares como el rock, el tango y el pop.

Mercedes Sosa fue, tal vez, la mayor cantora argentina —así elegía llamarse en lugar de cantante—. El compromiso con sus ideas y con todos nosotros estuvo presente en cada uno de sus gestos. Se tuvo que exiliar en España después de que los militares irrumpieran en uno de sus recitales, pero regresó a Argentina en cuanto pudo. Juró que no cantaría en Chile hasta que Pinochet no se hubiera ido del poder y así lo hizo; pero junto a Joan Báez se ocupó de llevar las canciones de Violeta Parra por el mundo, apoyando la campaña del NO contra el dictador.

La vida no fue sencilla para nuestra Negra Sosa, ni en lo personal ni en lo profesional. El exilio dejó huella, minó su ánimo y su salud. Tuvo paciencia, a pesar del dolor no se dejó doblegar. Cantó siempre como quiso, lo que quiso y donde quiso. Su libertad y su música son el mejor legado.

Nettie Honeyball

(1871-?)

Por Paola "la Wera" Kuri

La frase "el futbol no es para mujeres" la escuché por primera vez a los tres años, y crecí pensando que yo era la única a la que se la decían. También durante mucho tiempo pensé que nadie más peleaba por un lugar en la cancha, que yo era la única en esa batalla y que así sería para siempre. Con el tiempo y la experiencia me he dado cuenta de que no estoy sola y acabo de descubrir que tengo un alma gemela, que incluso nació mucho antes que yo. Su nombre: Nettie Honeyball, así la conocían en la cancha, aunque se cree que su nombre real era Mary Houston, pero como buena futbolista, su apodo llegó para quedarse.

Fundó el British Ladies Football Club (BLFC), el primer club de futbol femenino en 1885 al publicar un anuncio en un periódico para formar un equipo. Con ello consiguió que aproximadamente 30 mujeres se presentaran a su iniciativa para jugar. Tenía la visión de fundar una asociación de futbol femenino para comprobarle al mundo que las mujeres no eran sólo ornamento. Su sueño era ver a las mujeres sentadas en el Parlamento, teniendo una voz en puestos directivos y en las mesas que tomaban decisiones importantes. Desde entonces el futbol femenino tomaba rumbo, liderado por alguien que además de amar el balón, idealizaba el rol de la mujer en el mundo. Convenció a J. W. Julian, jugador del Tottenham Hotspur, para que entrenara a su equipo tres veces por semana en un parque de Londres. Sus uniformes eran una combinación de faldas encima de pantalones, blusas, algunas usaban zapatos de tacón, todas con ropa muy holgada y uniformándose como les parecía estar listas para la contienda.

Nettie no sólo formó un equipo sino una hermandad. La gente que juega un deporte en conjunto habla de encontrar ahí una familia, y el BLFC lo era, incluso contra la crítica negativa de la prensa. *The Manchester Guardian* se refería a sus uniformes como "disfraces", mencionando que "en el segundo que dejara de ser novedad ver mujeres jugando futbol la gente dejaría de asistir a sus partidos". El BLFC respondió a esto con 12 000 asistentes en su primer partido. *The Daily Sketch* escribió: "Los primeros minutos fueron suficientes para mostrar que el futbol jugado por mujeres no está a discusión. Un futbolista necesita velocidad, juicio, habilidad y explosividad. Nada de esto fue visto en el partido. La mayor parte del tiempo las mujeres [...] (no jugadoras) deambularon por el terreno de juego sin gracia ni trote". Leo esto y se parece a los periódicos actuales, aquellos que llaman a las jugadoras "mujeres jugando al futbol", en vez de futbolistas, que afirman que el futbol femenil no genera dinero y nadie lo quiere ver.

Después de 11 partidos disputados la gira del British Ladies Football Club terminó. Sin embargo, siento que Nettie estaría orgullosa de saber que, en línea con su legado, la final del mundial femenil pasado en Lyon, Francia (2019), donde jugaron Estados Unidos contra Holanda, rompió récords de asistencia con 59 100 espectadores.

No se sabe de dónde provino el seudónimo de Nettie Honeyball, pero me gusta pensar que tiene que ver con ese dulce momento cuando entras por primera vez a una cancha, aquel instante cuando la adrenalina prepara tu cuerpo para el encuentro, cuando le pegas al balón sin ver la portería y algo en ti sabe que va a ser gol, cuando festejas con tu equipo o cuando eres una mujer que pronuncia: "El futbol también es para mujeres", es ese dulce sabor, tan dulce como decir Nettie Honeyball.

Después de haber leído
todas estas inspiradoras historias
y responder a todas nuestras preguntas
te invitamos a que escribas tu propia historia,
VALIENTE:

@tahneeflor

Nettie Stevens

(1861-1912)

Por Elia Barceló

Nettie Stevens fue una investigadora y científica nata en una sociedad dominada por los hombres. Estudió e investigó hasta el mismo momento de su muerte. Se le conoce en el campo de la genética por su aportación al descubrimiento de los cromosomas X e Y, causantes de la determinación del sexo de los seres vivos.

Nacida en una familia modesta, perdió a su madre a los tres años, pero recibió una educación que la llevó a ser profesora primero y asistente de laboratorio después. Como carecía del dinero necesario para seguir formándose, decidió ahorrar todo lo que ganaba para matricularse en biología en Stanford. Trece años le costó poder hacerlo, pero entre 1899 y 1903 se especializó en fisiología e histología y consiguió un B.A, un M.A. y un doctorado. Una beca le permitió investigar también en Nápoles y Würzburg.

Nunca llegó a tener un puesto universitario, a pesar de que su inteligencia, capacidad de trabajo y lo innovador de sus estudios y planteamientos eran bien conocidos. Por fin le ofrecieron lo que siempre había soñado: una plaza de catedrática de investigación, pero su cáncer estaba muy avanzado y no pudo aceptarla. Murió a los 50 años habiendo publicado más de 40 trabajos, el más importante de ellos "Studies in Spermatogenesis", que contenía sus conclusiones pioneras en la determinación sexual.

Una vida breve, llena de esfuerzos y privaciones, consagrada al estudio de un tema de crucial importancia para la ciencia, la sociedad y la situación de la mujer en el mundo. Antiguamente, las mujeres solían ser acusadas y a veces repudiadas y condenadas por no haber sido capaces de dar a sus esposos un heredero varón. Se asumía que era la mujer quien no era "lo bastante buena" para producir niños. Desde el descubrimiento de Nettie Stevens las mujeres hemos quedado liberadas de esa terrible "culpa" porque ella dejó claro para la posteridad que es el esperma masculino el que lleva la diferenciación sexual, según si es X (niña) o Y (niño).

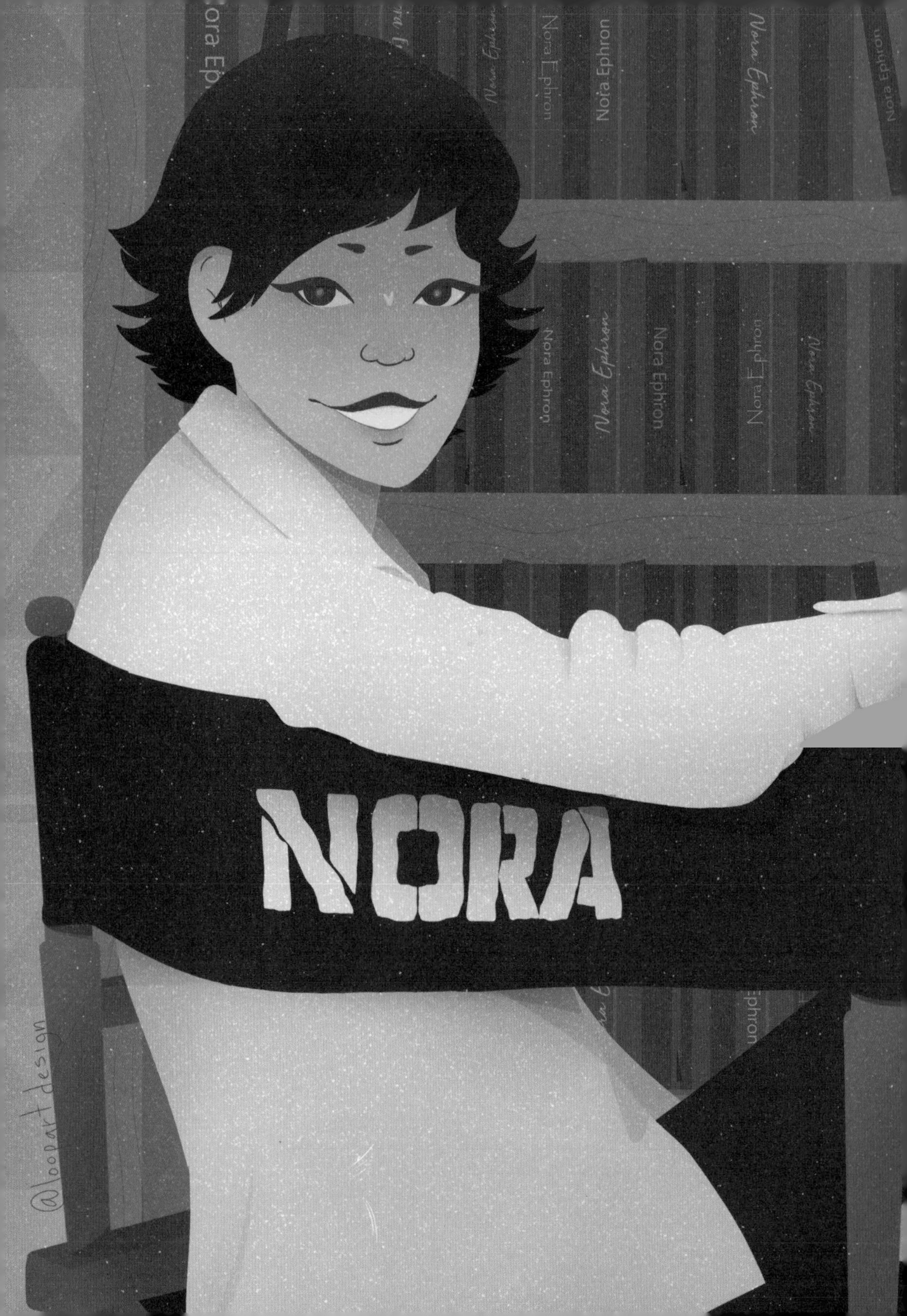

Nora Ephron

(1941-2012)

Por Catalina Aguilar Mastretta

Tenía 40 años, un hijo de dos y un embarazo de siete meses cuando descubrió que su marido estaba enamorado de una mujer altísima que no era ella.

Su reacción fue convertir el derrumbe público de su matrimonio en un éxito de comedia literaria y cinematográfica. "Todo es una historia", su refrán más emblemático, significa que todo lo que nos pasa, por doloroso que sea, con el tiempo será una anécdota que nos hará entendernos, de preferencia entre risas. Diez años después, Nora había usado ese mandato y su talento extraordinario para ser una de las pocas mujeres directoras en el Hollywood del siglo xx. Fue coronada por la cultura pop como la inventora de la comedia romántica moderna, y en uno de sus mejores momentos fingió arcadas cuando el periodista que la entrevistaba se lo contó.

Su gran invención es tan simple como revolucionaria: contar historias femeninas centradas en mujeres complejas. Sus personajes hacen lo imposible de manera inadvertida: se enamoran perdidamente sin dejar de ser independientes; se equivocan sin dejar de ser listas; se ríen y

hacen reír sin dejar de tomarse en serio. Son valientes y tienen miedo al mismo tiempo. Nos enseñan que las mujeres tenemos permiso de ser muchas cosas a la vez. Nora misma fue la mejor maestra de esa idea, así conquistó un espacio generalmente reservado para los hombres: usó el arte como confesionario directo sin ser ridiculizada, sino celebrada.

Nora Ephron era una mujer poderosa y femenina —rara vez pidió perdón por alguna de las dos—. Se preocupaba por las arrugas de su cuello, por la política de su país, por la disparidad de paga entre hombres y mujeres, por el bienestar de sus hijos. Todo al mismo tiempo. Fue intelectual y frívola; brillante y simple; artista y comerciante. Para cualquier cineasta estas contradicciones son difíciles de llevar; para una cineasta mujer fueron imposibles antes de Nora. Esa complejidad sin juicio es el regalo que nos dio a otras mujeres que queremos contar historias de mujeres. Y nos lo dio como se dan los mejores regalos: sin darse cuenta, sólo siendo quien fue.

Oprah Winfrey

(Nació en 1954)

Por Gaby Vargas

Algo en su manera de hablar, conectarse con sus invitados y actuar resuena en los espectadores. En el campo de la comunicación nadie es tan respetada, admirada y querida como esta mujer afroamericana.

Oprah Winfrey es ejemplo de superación, valentía y arrojo. Una mujer auténtica que inspira y empodera.

Vi por primera vez *The Oprah Winfrey Show* por casualidad, durante una estancia en Houston, Texas. Me bastó escucharla unos minutos para quedar cautivada. En esa ocasión hablaba de su lucha para bajar de peso, lo hacía con una honestidad que nunca había visto en pantalla. Por primera vez vi a una presentadora de televisión comportarse como una persona que rompía el estereotipo de la mujer a cuadro con apariencia perfecta. La pantalla no miente. La cercanía de las tomas televisivas nos regala la posibilidad del escrutinio anónimo: percibimos a la persona más allá del físico, vemos el brillo en los ojos, somos testigos del lenguaje no verbal, advertimos la autenticidad o falta de ella, así como de la energía que fluye entre los entrevistados. Oprah Winfrey era de carne y hueso, vulnerable, y eso es irresistible.

¿Qué hizo que esta mujer de orígenes humildes, que tuvo una infancia turbulenta, sufrió abuso sexual y el abandono de su madre (por citar algunos aspectos de su biografía) se convirtiera en la mujer más influyente de su generación, empresaria exitosa, actriz, autora de libros, productora y filántropa?

"Lo mejor que sé hacer es estar en el aquí y en el ahora", la escuché afirmar en una entrevista. Tal vez éste sea su gran secreto, así de simple, no es lo que hace, sino cómo lo hace. Intuyo que ella basa en esta capacidad su poder, claridad, visión y serenidad.

Winfrey posee el auténtico carisma, el que surge del interior y proviene de algo más grande que nosotros, desde donde los corazones se comunican, los artistas crean y la poesía nace. Sólo si partimos del lugar en donde radica la pasión, el amor, la compasión y la valentía logramos la entereza que ella ha mostrado en su trayectoria.

Puerto
Rico

Rita Moreno

(Nació en 1931)

Por Carla Medina

¿Qué queremos ser de grandes? Ésa es de las primeras interrogantes existenciales a las que nos enfrentamos en nuestra vida. Algunos se atreven a contestarla con el corazón abierto, con valentía. Otros prefieren guardar sus sueños en un cajón por miedo al rechazo, a la crítica, pero, sobre todo, al fracaso.

Rita Moreno, nombre artístico de Rosa Dolores Alverío, pertenece al primer grupo, y ha contestado a las distintas preguntas existenciales de la vida con arrojo, pasión y entrega. Es uno de los íconos más grandes que hay en la industria del entretenimiento, no sólo por su talento, sino por su valentía.

Escuchar su nombre automáticamente nos hace elevar el pecho y sentirnos como pavorreales, ya que es una mujer que ha puesto el nombre de Latinoamérica en alto. Festejamos sus reconocimientos como propios, y se nos llena la boca al decir "la única mujer latina coronada con EGOT" (la tétrada conformada por los galardones Emmy, Grammy, Oscar y Tony).

Sin embargo, el éxito más grande de Rita va más allá de sus premios. Es su capacidad implacable de romper barreras, estereotipos y obstáculos. Así que quisiera hablar de Rosa Dolores, una guerrera que abrazó el miedo y lo invitó a caminar de su mano en sus aventuras.

Apenas tenía cinco años de edad cuando emigró a un país frío en temperatura y hospitalidad. Dejó atrás Puerto Rico y sin hablar una sola palabra de inglés llegó a Nueva York.

Su primer obstáculo: un país que no era su amigo, un lugar donde le hicieron creer que no tenía valor por hablar otro idioma y verse diferente. Al ser atacada con estos comentarios, comenzó a dudar de sí, preguntándose si, en efecto, lo que le decían era real. Sin embargo, al tener clara su respuesta ante la primera interrogante existencial se refugió en la danza. Y poco a poco las oportunidades comenzaron a llegar. Primero, prestando sólo su voz y después con papeles pequeños en películas.

Ser actriz latina en Estados Unidos en los sesenta no era fácil, estuvo expuesta a papeles estereotípicos, denigrantes y humillantes. Además, se esperaba que ella se comportara como una mujer "fácil", fiestera y sexy.

Rosa Dolores se sentía desequilibrada, tratando de ser algo que no era. Y eso la llevó a una relación tóxica de ocho años con Marlon Brando. Fue humillada y engañada. Brando en repetidas ocasiones le fue infiel, llevándola a un espiral depresivo cargado de neurosis y obsesión. Despechada se refugió en los brazos de Elvis Presley, pero ni el mismo Rey evitó que quisiera quitarse la vida.

Su madre la había criado como una mujer fiel, la que debe hacer lo que el hombre quiere aun cuando eso signifique despojarse de su libertad. Rosa se sentía enjaulada y sin rumbo.

Entonces llegó Anita de *Amor sin barreras* y decidió que ella sería el modelo a seguir que necesitaba. El primer papel latino con fuerza, dignidad y respeto hacia la actriz. Estas cualidades le enseñaron que en efecto el amor no tiene barreras.

Anita le cambió la vida, y nos cambió la vida. Rosa había aprendido a escuchar su voz, ser quien es en realidad y a no conformarse con menos de lo que merecía. Después de haber hecho este papel, Rosa rechazó múltiples propuestas por siete años, ya que seguían ofreciéndole papeles que no concordaban con sus creencias.

Aquel que había sido su primera barrera, un país que no la aceptaba por ser quien es, terminó reconociéndola con el honor civil más alto en Estados Unidos, la medalla presidencial de la libertad.

La historia de Rosa es una invitación a escaparnos de nuestra jaula, a sentirnos libres y aceptar nuestras diferencias y, sobre todo, nos enseña que los muros están ahí para derribarse.

Invita a alguien de tu confianza y cuya opinión respetes por un café. Puede ser un amigo, una compañera del trabajo, una maestra, un mentor o algún familiar. Pídele que enliste, te recuerde o trate de identificar tres ocasiones en las que has sido valiente y anótalas aquí:

_____

_____

_____

_____

_____

_____

_____

Si tienes la inteligencia emocional para recibir retroalimentación constructiva, también pídele que mencione un área en la que cree que pudieras ser más echada hacia adelante. *Anticípate a elegir alguien que sabes que te dará una opinión objetiva. Escríbela aquí:

_____

_____

_____

_____

_____

_____

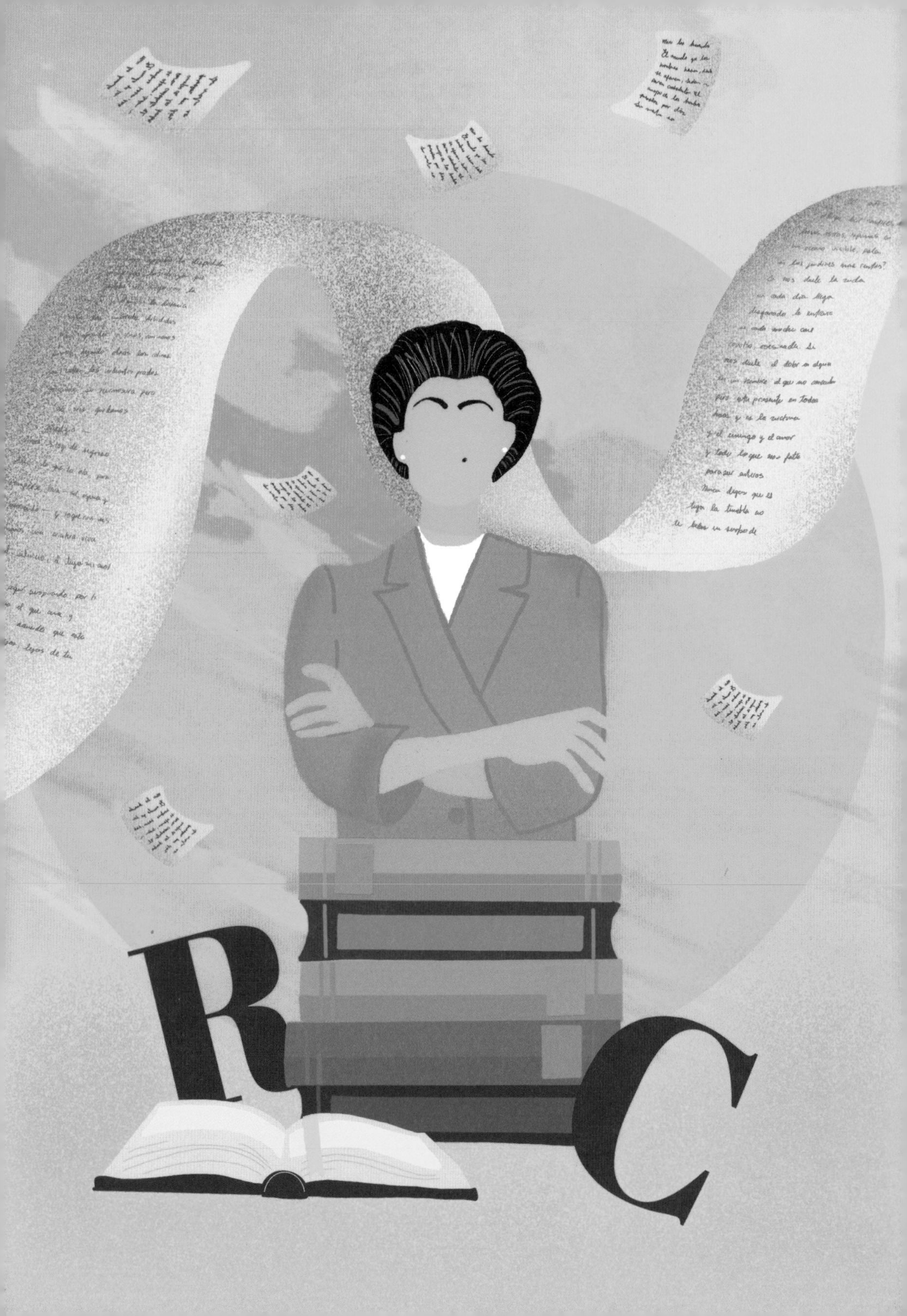
R
C

Rosario Castellanos

(1925-1974)

Por María J. Borja F.

La de Rosario Castellanos es una historia sobre cómo poner todo el corazón para hacer que una flor nazca de cada experiencia vivida. Ella dijo: "a veces, tan ligera como un pez en el agua, me muevo entre las cosas feliz y alucinada."

Nació el 25 de mayo de 1925 durante un viaje familiar a la Ciudad de México, pero pasó su infancia y adolescencia en Comitán, Chiapas; también conocido como Balún Canán o *Lugar de las Nueve Estrellas*.

En ese tiempo, era muy común que los hijos de terratenientes fueran acompañados por algún niño o niña indígena, María Escandón fue esa niña para Rosario y, de hecho, la acompañó toda su vida; su nana Rufina, indígena Tojolabal, fue quien le contó antiguas historias y relatos. Más adelante, tanto María como Rufina fueron inspiración para dar voz primordialmente a indígenas, mujeres y pobres. Otra persona que definió su vida fue Benjamín, su hermano menor, quien murió a los 7 años, dejando una marca profunda en ella. De ese dolor creció el coraje que la llevó a compartir su vida a través de las letras, el espejo en donde mejor se vio reflejada.

Fue una de las primeras mujeres escritoras de su estado: publicó sus primeros poemas a los 15 años en un periódico de Tuxtla. Fue una mujer culta y preparada que destacó en cada una de sus facetas: maestra, investigadora, traductora, poeta y narradora. Rosario nunca dudó en tratar temas incómodos, ni tuvo miedo a contar la verdad. Confiada en que existía otro modo de ser humano, constantemente cuestionó la esencia del espíritu femenino en un mundo dominado por hombres. A los 36 años tuvo a su único hijo, Gabriel, y, como ella narró, ser madre la hizo entender de apertura total y presencia incondicional.

Su voz literaria, reconocida con un sinfín de premios, es una de las más poderosas del siglo XX; su nombre ha sido inmortalizado en librerías, parques y calles por toda América Latina. Leer su permanente lucha por la libertad y la equidad ha provocado que generaciones reformulen lo que creemos, página tras página.

Rosario Castellanos será siempre recordada como una artista impecable, con palabras justas y al tamaño de sus sentimientos, que abrió un espacio infinito para las mujeres en lo literario y en lo cotidiano.

LA POETA INCOMPRENDIDA

Safo

(circa 650 a.C.-580 a.C.)

Por Paulina Vieitez Sabater

De Safo, poeta griega del siglo séptimo a.C., mucho se ha escrito pero muy poco se ha comprendido.

Parte del problema ha sido que la interpretación de la vida y la poesía de Safo pasó, durante muchos siglos, por manos de hombres que estudiaban su obra desde un punto de vista moral, por encima del punto de vista estético o literario.

Hemos tenido que esperar a la excelente traducción y reconstrucción que la canadiense Anne Carson ha hecho de su obra, en *If not, Winter*, o al precioso volumen *The Complete Poems of Sappho* traducido y comentado por Willis Barnstone para que, en este siglo XXI, casi 3 000 años después de su vida, tengamos una mejor aproximación a lo que escribió, y a su valor y contribución a la literatura universal.

No es fácil leer y menos entender a Safo. Su obra, que fue inmensa, se perdió en su mayoría, y sólo podemos en nuestros días recoger fragmentos que nos dan un atisbo, eso sí maravilloso, de una poeta que escribió desde y por la libertad.

Se ha perdido mucho tiempo en análisis estériles, a lo largo de los siglos, acerca de sus inclinaciones amorosas y sensuales.

La aproximación a su obra se ha centrado en su posible homosexualidad o bisexualidad, y no lo suficiente en su canto al amor.

Esta dedicada maestra de señoritas y noble de alto rango en su época no escribía desde una perspectiva de reivindicación de género o preferencia sexual, ya que eso no era un tema en la Grecia de entonces.

Safo escribe porque está enamorada, a veces de alguien en concreto (que sea mujer u hombre no es tan relevante), a veces de la idea del amor como algo trascendente y a la vez inasible. De ahí, versos como (mi traducción del original de Barnstone):

"Rostro"

Ahora en mi
corazón
veo claramente

un bello
rostro
que brilla hacia mí,

manchado
de amor

La triple imagen de este poema es Safo en absoluto esplendor: ver con el corazón la belleza de la mirada del ser amado y el reflejo que, aunque alterado por una "mancha", es aún más bello porque su imperfección es el amor.

Safo nos habla desde fragmentos, trozos. El amor, la libertad, son muchas veces fragmentarios, incompletos. Y reflejan belleza, belleza que se capta con el corazón, sin importar qué otros atributos vistan a la persona amada.

Enumera 5 cosas que te gustaría hacer
para las que piensas que requieres de valentía.
Debajo escribe un paso, el más sencillo,
que te lleve a la acción.

1. _____
_____
_____

2. _____
_____
_____

3. _____
_____
_____

4. _____
_____
_____

5. _____
_____
_____

MUJER ILIMITADA

Simone de Beauvoir

(1908-1986)

Por Elísabet Benavent

¿Dónde estaríamos ahora, quiénes seríamos, dónde estarían nuestras aspiraciones y sueños sin mujeres como Simone de Beauvoir?

La escritora y filósofa francesa dejó tras de sí una estela brillante que hoy podemos seguir si queremos desligarnos de la concepción social que arrastra la figura de la mujer a lo largo de la Historia. De Beauvoir defendía que, como mujeres, debemos reencontrarnos con nuestra identidad más allá de ser hijas, esposas o madres. Porque hay mucho más al margen de la relación que establecemos con los hombres de nuestro entorno. Porque somos seres independientes que deseamos, creamos, pensamos de manera autónoma sin necesitar que un hombre valide nuestras opiniones y decisiones.

Leí *El segundo sexo* en uno de los últimos años de universidad y a menudo me descubro pensando en que debería volver a releer sus páginas. Simone de Beauvoir hizo célebre la frase "No se nace mujer, se llega a serlo", y no es hasta ahora, a mis 36 años, cuando empiezo a entenderla.

A ser mujer se va aprendiendo con los años. Se necesita tiempo para entender que no hay manera equivocada de serlo, que los juicios de valor sólo sirven para limitarnos a nosotras mismas y a volcar en el otro nuestros miedos. Que no existe sólo una manera de ser madre y que la maternidad no es una obligación ligada a nuestra condición femenina.

Si puedo escoger —y puedo, estoy aprendiendo a hacerlo—, quiero que cada año mis personajes crezcan sin perder de vista esa idea, porque, en mi opinión, no sólo no se contrapone con la historia de amor, sino que la enriquece. Si creamos cuentos modernos sobre el amor en los que no se necesita del otro, en los que se elige —y en primera instancia se elige siempre aquello que sitúa a la mujer como prioridad—, alimentamos el imaginario común de amor sano, bueno y que respeta nuestras aspiraciones tal y como las defendieron mujeres como Simone de Beauvoir: con la ferocidad con la que se debe perseguir la felicidad.

EMPATÍA DESDE EL PODER POLÍTICO

Sirimavo Bandaranaike

(1916 -2000)

Por Saskia Niño de Rivera Cover

Bandaranaike, también llamada Sirimavo R. D. Bandaranaike, nació en Ratnapura, Ceilán, ahora Sri Lanka, y fue una verdadera estadista que, tras la victoria de su partido en las elecciones generales de 1960, se convirtió en la primera mujer primer ministra del mundo.

Tuvo la fortuna de pertenecer a una familia que cubrió todas sus necesidades. Su vida política se desarrolló a partir de su matrimonio con S. W. R. D. Bandaranaike en 1940. Empezó a interesarse con más pasión por el bienestar social de su país después de que su esposo, nombrado primer ministro en 1956, fuera asesinado en 1959. Bajo estas circunstancias, el Partido de la Libertad de Sri Lanka (SLFP) la indujo a convertirse en la líder de esta agrupación política.

Bandaranaike continuó con las ideas y muchas de las estrategias sociales que su esposo había tratado de impulsar en el terreno económico, en la política exterior —basada en el respeto y la no intervención— y el fomento activo de la religión budista, entre muchas otras acciones.

Es importante el legado de esta mujer en la vida pública porque ha sido una de las pioneras en romper con los estereotipos y roles de género. En una época tan dura y llena de prejuicios, Bandaranaike nos recuerda que el servicio público puede venir en muchas formas y tamaños, lo importante es la intención y la vocación para realizar proyectos en favor de la sociedad. A poco más de 20 años de su muerte existen muchas Bandaranaikes en todos los rincones del mundo, algunas son famosas, algunas trabajan desde el anonimato, desde la cotidianidad; lo importante es que somos mujeres que, desde diferentes trincheras, hemos decidido romper barreras en lo que alguna vez se pensó eran esferas que no necesitaban de nuestra actuación.

Considero que una de las grandes aportaciones de Sirimavo Bandaranaike a lo largo de su carrera fue lograr una posición visible como mujer dentro de la política de su tiempo, a través del carisma y la empatía por la justicia social.

Sor Juana Inés de la Cruz

(1648 -1695)

Por Lucy Aspra

La vida de Juana Inés de Asbaje Ramírez de Santillana es extraordinaria, mujer que al entrar al convento adoptó el nombre de Sor Juana Inés de la Cruz. Nació el 12 de noviembre de 1648 en la alquería de San Miguel Nepantla, Amecameca. A los tres años aprendió a leer y escribir, y desde niña mostró su interés por la lectura. Tuvo una asombrosa aspiración por el conocimiento, por eso se afirma que, debido a que las mujeres no podían acceder a la universidad, trató siempre de convencer a su madre para que, disfrazada de hombre, la dejara asistir para continuar sus estudios.

En 1677 ingresó al convento de Santa Teresa la Antigua y luego pasó al convento de San Jerónimo. Allí tuvo una celda que le permitió leer muchísimo, escribir y recibir visitas. Vivió en el convento hasta su muerte, el 17 de abril de 1695, víctima de la peste que asolaba la capital mexicana.

Su abuelo materno tenía una hacienda en Yecapixtla, Panoaya; al morir, en 1656, la madre de Juana se encargó de la hacienda y fue en este lugar donde Juana descubrió una enorme biblioteca y devoró todos los libros que allí había. Leyó desde los clásicos griegos y romanos hasta todo sobre la teología de la época.

Algunos biógrafos afirman que pasó su adolescencia en la Ciudad de México, de 1656 a 1664, en casa de la hermana de su madre. En 1664 ingresó a la corte del virrey Antonio Sebastián de Toledo, marqués de Mancera, donde se le admiró por su inteligencia. En la corte tuvo oportunidad de desarrollar aún más sus facultades literarias: dama de compañía de la virreina, asistía a las reuniones donde prevalecían los mejores filósofos, historiadores, matemáticos, teólogos y humanistas de la época. Durante este tiempo escribió varios sonetos, poemas y elegías fúnebres. También se dice que, en estos años, tuvo algunas malas experiencias amorosas.

Su labor intelectual es incomparable, con un léxico maravilloso en todas sus aportaciones literarias que abarcan versos sacros y profanos, villancicos para festividades religiosas, poemas burlescos, poesía seria y humorística. Sus famosas redondillas, una sátira a los hombres intolerantes, inconsecuentes: "Hombres necios que acusáis a la mujer sin razón, sin ver que sois la ocasión de lo mismo que culpáis...", es célebre en el mundo. Tan alto es su prestigio que se le conoce como la Décima Musa, sobrenombre digno de su pletórica inspiración.

Termino esta semblanza con las palabras que, sobre esta mexicana universal y precursora de los derechos de la mujer, escribió Octavio Paz: "Por primera vez en la historia de nuestra literatura una mujer habla en nombre propio, defiende a su sexo y, gracias a su inteligencia, usando las mismas armas que sus detractores, acusa a los hombres de los mismos vicios que ellos achacan a las mujeres. En esto Sor Juana se adelanta a su tiempo: no hay nada parecido, en el siglo XVII, en la literatura femenina de Francia, Italia e Inglaterra".

Recuerda una ocasión
en la que hayas sido valiente
y no hayas obtenido el resultado esperado.

_____

_____

_____

_____

¿Cómo fallaste?

_____

_____

_____

_____

¿Qué aprendiste?

_____

_____

_____

_____

_____

Svetlana Alexiévich

(Nació en 1948)

Por Sofía Segovia

Su obra le valdría el Premio Nobel, pues, entre otras cosas, se le reconoce por crear un género completamente suyo y nuevo. En su género "novelas de voces", como le llama ella, se aleja de la frialdad del reportaje periodístico, rompe con la aceptable narrativa histórica —y sus héroes varones— y, de manera coral, nos muestra la condición humana con su sensibilidad, sus aromas y colores para darnos una visión de lo que se siente vivir el momento histórico.

Su primer libro lo escribió contra viento y censura de la URSS. Acusada por presentar un lado incómodo y antisoviético de la guerra —el de las mujeres—, que temían demeritara la heroicidad de la victoria, lo vio publicado apenas tras la Perestroika. Vendrían otros libros sobre voces silenciadas. Es importante su victoria contra la legendaria censura política-ideológica de la URSS, pero vale destacar la que logra contra la más ignorada —pero aceptada— censura que ejerce la Historia universal, la cual ha borrado la aportación, la experiencia, la visión y la sensibilidad de la mujer. Esta censura existe igual detrás de la Cortina de Hierro que en México; igual en el siglo XX que en el I.

Voces de Chernóbil es quizá su libro más conocido en México, pero debería serlo más *La guerra no tiene rostro de mujer*, pues rompe la censura histórica y trasciende las fronteras del tiempo y del espacio. Escribió sobre mujeres rusas en la guerra, pero parecería que hablaban las adelitas de la Revolución mexicana. Al acabar sus guerras, las mujeres de ambos países se fueron a sus casas, silenciadas. Cuarenta años después, las rusas tuvieron quien plasmara *su* guerra. Nadie se tomó el tiempo siquiera de nombrar a las adelitas una a una. El costo del silencio: en México las mujeres no votarían sino hasta 1955. Hoy, 10 adelitas mueren cada día.

¿Habría menos feminicidios si lo que logró Alexiévich hubiera sido la norma desde siempre?

Hoy, Svetlana Alexiévich se encuentra en nueva lucha contra el autoritarismo en Bielorrusia. Del consejo de oposición, por su voz, por el apoyo mundial, sólo ella quedaba libre o sin salir al exilio, pero el 28 de septiembre tuvo que huir. Promete que volverá.

"La libertad [...] es un camino. Un largo camino."

Tu Youyou

(Nació en 1930)

Por Pamela Jean

En el siglo XIX la chinchona fue reconocida como el arbusto mágico del Nuevo Mundo por una sustancia llamada quinina, que un médico francés extrajo de su corteza, y se utilizó durante mucho tiempo de manera exitosa para curar la malaria. Tan efectivo resultaba este tratamiento que hasta 1960, 95% de los casos había sido tratado satisfactoriamente.[1] Sin embargo, la eficacia de la quinina se redujo de forma drástica a 20%. El número de casos crecía mientras la esperanza de vida de los enfermos se reducía.

Preocupado, el presidente de Vietnam Ho Chi Minh decidió pedir ayuda a sus vecinos, y fue así como China lanzó el Proyecto Nacional 523 y asumió como propia la responsabilidad de encontrar una nueva cura en 1969. Este proyecto era distinto a todos los demás, pues por primera vez especialistas en medicina tradicional China fueron invitados a participar en la investigación y creación de un medicamento alopático. La líder de estos especialistas era Tu Youyou. Tras dos años de investigaciones y experimentos científicos con más de 580 remedios herbales y extractos de medicina tradicional China, dieron con el qinghao, mejor conocido como artemisia.

Al principio su efectividad no era mayor a 40%, por lo que iban a descartarlo, pero Tu Youyou creía que las altas temperaturas del método de extracción estaban destruyendo los componentes del qinghao y por eso no tenía el efecto esperado. Sin dejarse llevar por la presión ni el pensamiento colectivo, decidió confiar en su voz interna y cambiar el método de extracción: utilizó éter etílico, una sustancia que bulle a temperaturas mucho menores.

El 4 de octubre de 1971 la muestra 191 del extracto de quinghao con éter etílico mostró una efectividad de 100% al inhibir parásitos de malaria en roedores. Este compuesto fue llamado artemisinina o quinghaosu.

Pero la historia no termina aquí. Para comprobar el sano consumo de la recién descubierta artemisinina, Tu Youyou solicitó permiso para probar en ella misma estos extractos, asumiendo todos los riesgos. Junto con dos personas de su equipo,

---

1 Reporte Mundial de Malaria 2009, Organización Mundial de la Salud.

tomó el medicamento y fue monitoreado cuidadosamente hasta corroborar que era seguro. Por si éstos no fueran ya actos suficientes de humildad y servicio incansables, la incomparable Tu Youyou decidió publicar sus descubrimientos de manera anónima.

El $C_{15}H_{22}O_5$[2] se convirtió en la fórmula de la vida y la esperanza para millones de personas alrededor del mundo. El ACT[3] (las iniciales del nombre que recibe hoy el método de curación estandarizado) ha salvado más de 1.5 millones de vidas desde el año 2000, equivalente al 70% de quienes han contraído esta enfermedad.

En 2011 Tu Youyou ganó el Lasker Clinical Medical Research Award, y cuatro años después ganó el Premio Nobel de Fisiología o Medicina. El 25 de diciembre de 2015 el planeta N. 31230 fue llamado Tu You You en honor a ella.

Para esta gran mujer, quien a sus 90 años continúa trabajando e investigando nuevas formas de contribuir a la humanidad, el mayor premio son las vidas de quienes su amor incansable ha salvado. Y aunque una estrella con su nombre brille en el firmamento, la luz más poderosa es aquella que con talento y nobleza encendió, y que seguirá iluminando el camino de muchos investigadores y científicos.

2   Science Bulletin, 1977
3   Artemisinin based Combination Therapies

Enumera 5 cosas que te hayan
salido bien este año y por las que
estés profundamente agradecida:

1. _____
_____
_____

2. _____
_____
_____

3. _____
_____
_____

4. _____
_____
_____

5. _____
_____
_____

Valentina Tereshkova

(Nacida en 1937)

Por Maura Gómez

La historia del mundo está compuesta por destellos, por esos momentos en los que alguien se atreve a hacer algo diferente, a salirse del rol que le tocó vivir, y Valentina Tereshkova es una de esas personas.

Nació en Yaroslavl, Rusia, en 1937 en el seno de una familia humilde y proletaria, en una época en que el lugar de las mujeres era su casa. En ese entonces Rusia formaba parte de la Unión Soviética, una federación comunista liderada por Josef Stalin, donde dominaba la represión contra la población, por lo que sobresalir no era algo fácil, y como mujer aún menos.

Su padre era conductor de tractores y murió en el frente cuando Valentina tenía dos años de edad. Su madre trabajaba en la industria textil y no le alcanzaba el dinero para mantener a sus hijos. Por esta razón Valentina no pudo ir a la escuela hasta que tuvo ocho años, pero tuvo que dejarla poco tiempo después para ayudar a su madre a mantener a su pequeña familia. Sin embargo, esto no detuvo sus sueños. A los 16 años empezó a estudiar Ingeniería por correspondencia y se inscribió al aeroclub local de paracaidismo porque descubrió que estar en el cielo y

saltar era su pasión. Después trabajó en la Unión de Jóvenes Comunistas formando parte del partido.

A pesar de no tener una formación como astronauta, Valentina fue seleccionada entre más de 400 aspirantes por su experiencia como paracaidista y su pertenencia al partido. Fue parte de un experimento en el que se buscaba saber si las mujeres tenían la misma resistencia física y mental que los hombres en el espacio. Cuando Valentina, con tan sólo 26 años, fue seleccionada, no le avisó a su familia por temor a que no la dejaran ir, ellos pensaron que iba a un concurso de paracaidismo y se enteraron por el radio que estaba a punto de viajar al espacio.

Piloteó el Vostok 6, el 16 de junio de 1963, completando 48 vueltas alrededor de la Tierra en un espacio de tres días, convirtiéndose en la primera mujer en viajar al espacio, la más joven y la única hasta el día de hoy en hacerlo en solitario. Durante todo el viaje sufrió mareo, vómito y dolor de cuello debido al peso del casco, pero aun así cumplió su misión, mantuvo un registro del vuelo y sacó fotografías del horizonte, las cuales sirvieron para identificar las capas de aerosol de la atmósfera. Aunque había planes para que más mujeres viajaran al espacio, pasaron 19 años hasta que otra mujer lo hiciera. Su alias en el espacio fue Chaika, que significa gaviota, nombre por el que se le conoce hasta hoy en día y con el que fue nombrado un asteroide en su honor.

Años después se casó con Andriyan Nikolayev, otro astronauta con quien tuvo una hija, la única persona en el mundo cuyos ambos padres han estado en el espacio. Valentina siguió estudiando hasta graduarse como Ingeniera Espacial. Hasta el día de hoy no ha dejado de trabajar, desde el 2016 se desempeña como vicepresidenta del Comité de Estructura Federal y Gobierno Local. Sigue siendo considerada como un héroe en la Rusia post-soviética.

A lo largo de la historia los viajes espaciales han sido monopolizados por los hombres. Por esta razón el viaje de Gaviota ha servido como inspiración a miles de mujeres alrededor del mundo y como un símbolo de igualdad de género.

Todavía en 2013, a la edad de 76 años, se ofreció para viajar a Marte sin importar que no hubiera regreso.

Ésta es la historia de Valentina Tereshkova, una mujer que a pesar de tener todo en su contra luchó por sus sueños, convirtiéndose en una gaviota que voló hasta tocar las estrellas.

Cierra los ojos, respira, imagina que estás parada
sobre un podio, a la mitad de la asamblea
de las Naciones Unidas, es tu turno, tienes el foro
para hablar sobre tu causa. ¿Qué vas a decir
para aprovechar este momento?

Violeta Parra

(1917-1967)

Por Marcela Serrano

Porque tú no te compras ni te vendes. Porque hablas la lengua de la tierra.

La vieja Pancha era la cocinera de mi abuela y vivían en una casa de campo en el sur de Chile. Cantaba y recitaba payas. Yo era pequeña, sin embargo, recuerdo una tarde en que la encontré sentada bajo el parrón junto a una desconocida: tenía una guitarra en la falda y un pelo negro largo y enmarañado. Dos almas singulares que miraban al cielo abierto, concentradas, traspasándose alguna información secreta. Muchos años después, cuando se supo la muerte de Violeta Parra, mi madre me dijo: "Tú la conociste". Ella recorría los campos buscando antiguas y auténticas canciones populares. Era una compiladora.

Violeta, la raíz más chilena de todas las raíces de Chile. La que nació en 1917 en el sur del país, hija de un profesor de música y una costurera. Nueve hermanos y muchas carencias, cantaban juntos en plazas, en circos, en bares, para llevar a casa algunos pesos. La niña cantora crece y llega a la capital arropada por su hermano Nicanor, que aspira a que estudie. Pero a ella no le interesa la educación formal, sólo el canto.

Se casa joven con un obrero ferroviario. Tendrá otros amores en el futuro. Se va a París, expone sus obras, sus pinturas y arpilleras en el Louvre. No se deslumbra. Investiga. Y ama. Lo hace apasionadamente, sin reservas. Vuelve a Chile. Concibe la idea de una gran carpa que acune la cultura, el folclor, sus descubrimientos. No le va bien. Ya ha parido cuatro hijos; una de ellas muere en su ausencia. Su gran amor, un músico suizo, la abandona. Lo persigue. Pasa frío en la carpa, su piso es de barro. En febrero de 1967 se pega un tiro.

Su originalidad y grandeza no es ajena al tiempo de su país. No se entendería sin la tenaz fidelidad a su pueblo y a su tiempo. En Chile, en los albores del siglo xx, brotaron los sindicatos, sus luchas, el norte minero, las masacres obreras. Violeta nace cuando despuntan esas esperanzas. Buscó las voces profundas de la cultura popular, las rastreó y las proyectará en la Nueva Canción —cuna de Víctor Jara, Quilapayún, Inti Illimani—. Unió lo urbano con lo campesino.

Sagaz en detectar la injusticia, aliada de víctimas y oprimidos, el poder no le importaba nada. Éste debía rendirse ante ella, no por su talento, sino por lo que encarnaba. Ninguna concesión. Hizo todo al revés y pagó por ello. Aun así, agradeció a la vida y también la maldijo.

Llena tu página responsiva de valentía

Yo _____ , en el día____ del mes _____
del año_____ , me comprometo conmigo a ver de frente
a mis miedos, encararlos, aceptarlos, invitarlos a que me
acompañen sin dejarlos que tomen el control de mis acciones ni me paralicen.

    Con el fin de cumplir mi promesa a mí misma designo a
_____ y a _____
como mis socias de responsabilidad, para que me manten-
gan firme en mi camino y me acompañen cuando no me
sienta segura.

_____
Tu firma

_____
La de tu socia de responsabilidad 1

_____
La de tu socia de responsabilidad 2

LA COREÓGRAFA DE LAS MATEMÁTICAS

Zaha Hadid

(1950-2016)

Por Eva Vale

Zaha Hadid es una arquitecta angloiraquí brillante. Nació en Bagdad en 1950 dentro una familia de clase alta árabe suní. Desde los 11 años, cuando le permitieron remodelar su cuarto, encontró en la arquitectura un submundo infinito al que podía acceder con una hoja de papel y un lápiz.

Sus papás no la dejaron estudiar arquitectura porque era un mundo "muy de hombres". Por eso su primera carrera fue matemáticas en Beirut, y después arquitectura en Londres. Lo que pocos imaginaban, incluyendo sus padres, es que la estructura abstracta de las matemáticas iba a establecer una nueva forma de crear para ella. Para muestra, su mantra constante: "Si hay 360 grados, por qué que limitarme sólo a uno".

Se dedicó a dar clases de arquitectura, mientras el despacho que abrió en 2006 sometía sus propuestas a concursos. Se referían a ella como un "arquitecto de papel". Sus colegas dudaban que su visión pudiera cruzar a un plano real por mero asunto de física.

Ver sus planos es como ponerle pausa a un edificio que está ejecutando una coreografía contemporánea; es ver un fragmento congelado de algo que sabes que está inspirado en el futuro.

Cuestionó la física con curvas que no existían en la arquitectura, y silenció esas dudas cuando materializó su primer proyecto en la Estación de Bomberos de Vitra en Alemania.

A partir de entonces los aplausos nunca pararon; así lo planeó, con un enfoque absoluto para que fueran la exigencia y la excelencia su firma. Mientras algunos dejaron su legado en hijos, Zaha eligió hacerlo en edificios y multiplicaciones de su talento.

Su constante cuestionamiento de la gravedad la llevó a ser la primera mujer en ganar el premio Pritzker, y con ese ímpetu de transformar diseñó yates, arquitectura de espacios efímeros para Chanel, sombreros, zapatos, todo lo que le permitiera mantenerse con un reto constante.

Aprendió a de-construir la frustración para re-construirla con resiliencia y magia.

Las autoras

Anamar Orihuela

@ anamar.orihuela f Anamar Orihuela Rico

▼ AnamarOrihuela ▪ Ana Mar Orihuela

Es psicoterapeuta, conferencista, tallerista y escritora, así como especialista de cabecera en algunos programas de radio y televisión, como *Martha Debayle en W*, de W Radio; *Diálogos en confianza*, de Canal 11; *Netas divinas*, de Unicable y *Sale el sol*, de Imagen Televisión, entre otros. Es creadora del Método Hera, una técnica de sanación efectiva que enseña en la Academia Anamar Orihuela. Es autora de los bestsellers *Hambre de hombre, Sana tus heridas en pareja* y *Transforma las heridas de tu infancia, Más allá del sobrepeso* y coautora de *Sobrevive*.

"Mi momento más valiente es cuando me atrevo a amar y soy honesta con lo que siento."

Aura Medina de Wit

@ auramedinawit ▼ AuraMedinaW

Ha sido, desde muy joven, una buscadora ávida en el camino espiritual y el autoconocimiento. Es psicoterapeuta transpersonal certificada por el Learning Love Institute, especializada en codependencia y heridas de la infancia. Ha trabajado durante años con diversos maestros de escuelas de psicoterapia, sanación, manejo de energía y meditación. Es creadora de un entrenamiento de lectura de tarot terapéutico y autora de los libros *Amor... ¿o codependencia?* y *Crea el espacio para el amor.* Es parte del equipo de especialistas del programa de radio conducido por Martha Debayle, tiene presencia en diversos programas de televisión y radio, y colabora con artículos en las revistas *Moi, The Beauty Effect, Air Femme*, entre otras.

"Mi momento más valiente fue cuando dejé la seguridad de trabajar en una empresa de terminales marítimas con excelentes prestaciones para forjar mi camino como terapeuta. Dejé las garantías y la zona de confort del mundo corporativo y empecé de cero, pero la vida me puso en el camino a grandes guías, y descubrí la oportunidad de mi vida."

Bárbara Anderson
@ ba_anderson f @AndersonBarbara ✔ ba_anderson

Es activista por los derechos de las personas con discapacidad, tema en el que ha logrado impulsar cambios legales trascendentales en materia de la inclusión a través de la asociación Yo También, que comparte con su colega Katia D'Artigues. Ha destacado por su trabajo como periodista de economía, finanzas y negocios en medios impresos, en línea, de televisión y radio, tanto para grupos locales e internacionales. *Los dos hemisferios de Lucca* es su primer libro.

"Mi momento más valiente fue cuando decidí armar una sola maleta y dejar mi país y mi familia para mudarme a México. Era el 2002, en una profunda crisis económica en Argentina: vendí todo y me despedí para siempre (aunque en silencio) de todas mis cosas. Sabía íntimamente que no iba a regresar, pero nunca antes había dado un salto al vacío y sola como en ese 30 de septiembre en que llegué a la Ciudad de México y me quedé aquí sin fecha de vencimiento."

Carla Guelfenbein
@ carlaguelfenbein f Carla Guelfenbein ✔ carlaguelfenbei

Carla Guelfenbein nació en Santiago de Chile. Estudió Biología en la Universidad de Essex, Inglaterra, con especialización en genética de población. Más tarde estudió diseño en el St. Martin's School of Art en Londres. Es autora de las novelas *El revés del alma* (Alfaguara, 2003), *La mujer de mi vida* (Alfaguara, 2006), *El resto es silencio* (Planeta, 2009; Alfaguara 2014), *Nadar desnudas* (Alfaguara, 2012) *Contigo en la distancia* (Premio Alfaguara de novela 2015), *Llévame al cielo* (Nube de Tinta 2017) *La estación de las mujeres*

(Alfaguara 2019) *No huiré de la lluvia* (Columbia University 2020). Su obra ha sido traducida a 17 lenguas. El premio Nobel J. M. Coetzee ha denominado su obra como: "Sutil, lúcida y compasiva".

"Mi momento más valiente fue cuando decidí que quería ser madre, costara lo que costara. Diez años y diez fecundaciones in vitro después, llegó mi hija Micaela."

Carla Medina
@carlamedina f carlamedina.oficial ✔ carlamedina

Escritora, conductora y actriz mexicana reconocida por su trayectoria en Disney Channel, E! Entertainment Television, Sony, Telemundo, Univision, Televisa, tv Azteca, entre otros. Autora de los bestsellers *Soñando Despierta*, *Luna De Sal* y *Libro Mágico*. Este último título le permitió crear su plataforma de bienestar Taller Mágico que crece cada día más gracias a su comunidad digital. Su carrera le ha permitido ser una portavoz activa de Greenpeace y Save The Children. También es conferencista de TEDx Talks y ganadora de los premios ATVC en Argentina y el premio Bronce en los festivales de Nueva York por su trabajo como conductora de televisión. Conoce más sobre ella en www.tallermagicomx.com

"Mi momento más valiente sigue siendo una práctica constante. El no tomar las negativas como algo personal sino como un desafío. Encuentro diariamente un verdadero placer en demostrarles a las personas que me dicen que no puedo hacer algo que están equivocadas. Es un reto de valentía romper con mis creencias limitantes."

Caro Saracho
@caro_saracho ✔ Caro_Saracho

Comunicóloga. Norteña. Soltera. En ese orden. Editora desde 2010 y consejera del corazón desde la primaria; inició su carrera en Actitudfem y desde entonces ha colaborado en diferentes medios tratando de ayudar a las mujeres a deshacerse de los patanes y a abrazar su soltería. Su columna "Nací sin el gen de hacerme la difícil" ha sido leída por más de un millón de mujeres que se han ido sumando al movimiento #NacíSinElGen, del que se deriva su libro *Mesa para una*.

"Mi momento más valiente fue el día que logré soltar las expectativas que me habían inculcado sobre lo que debía ser la vida de una mujer, y decidí vivir bajo mis propias reglas, sin conformarme con menos de lo que merezco".

Catalina Aguilar Mastretta
@ cati400 f Catalina Aguilar Mastretta 🐦 Cati400

Es escritora y cineasta. Ha escrito y dirigido las películas *Las horas contigo* (2015) y *Todos queremos a alguien* (2017). Ha trabajado como guionista y directora de proyectos en México y Estados Unidos, entre ellos *Diablo Guardián* (2016), *Vida* (2018), *Cindy la Regia* (2020) y *Ginny & Georgia* (2021). Su primera novela, *Todos los días son nuestros* (2016), se enfoca en una historia de amor contemporánea.

"Mi momento más valiente es siempre que digo que no a algo y siempre que digo que sí, también."

Claudia Piñeiro
@ claudiapineiroescritora

Claudia Piñeiro nació en el Gran Buenos Aires en 1960. Es escritora, dramaturga, guionista de TV y colaboradora de distintos medios gráficos. Ha publicado las novelas *Las viudas de los jueves*, que recibió el Premio Clarín de Novela 2005; *Tuya* (Alfaguara, 2005); *Elena sabe*, Premio LiBeraturpreis 2010 (Alfaguara, 2007); *Las grietas de Jara*, Premio Sor Juana Inés de la Cruz 2010 (Alfaguara, 2009); *Betibú* (Alfaguara, 2011); *Un comunista en calzoncillos* (Alfaguara, 2013); *Una suerte pequeña* (Alfaguara, 2015); *Las maldiciones* (Alfaguara, 2017); *Catedrales* (Alfaguara, 2020), nominada al Premio Dashiell Hammett 2021 a la Mejor novela policial y *Cuánto vale una heladera y otros textos de teatro* (Alfaguara, 2021). También publicó el libro de cuentos *Quién no* (Alfaguara, 2018), además de relatos para niños y obras de teatro. Por su obra literaria, teatral y periodística, ha obtenido diversos premios nacionales e internacionales, como el Premio Pepe Carvalho del Festival Barcelona Negra y el XII Premio Rosalía de Castro del PEN (Club de Poetas, Ensayistas y Narradores de Galicia). Varias de sus novelas han sido llevadas al cine.

Coral Mujaes Pola

@ coralmujaes f Coral Mujaes Oficial
coralmujaes.com

Es la mentora más disruptiva de América Latina con más de 573 mil seguidores en redes sociales. Sus videos en YouTube tienen millones de vistas. Su misión es dar las herramientas correctas de mindset/psicología a mujeres y hombres de todo el mundo que estén dispuestos a alcanzar su máximo potencial y lograr sus metas más ambiciosas. Tiene dos libros publicados en Penguin Random House. Es empresaria desde 2012. Es dueña de Coral Mujaes Corp. con base en México y Estados Unidos (2020).

Coral es una competidora activa y exitosa en la NPC y la NPC Worldwide. Ganó la NPC Worldwide Lion Heart Classic del 2020. Este año estará compitiendo en la NPC Tampa Championship 2021 y en la NPC North American Championship 2021 en Estados Unidos.

"Mi momento más valiente ha sido cuando solté mis adicciones, tomé absoluta responsabilidad de mi vida y me convertí en una mujer libre, independiente y poderosa."

Dominika Paleta

@ dominikapaleta f Dominika Paleta Official 🐦 dominikapaleta

Es una actriz mexicana con alma de cocinera. Nació en Polonia y a los 8 años llegó con su familia a México. Empezó su carrera por influencia de su padre que era violinista y su madre, maestra de arte. Estudió Historia del Arte en la

Universidad Iberoamericana. Profesionalmente ha protagonizado un sinfín de obras teatrales, películas, series y programas de cocina. Es cofundadora de la marca Amores y Sabores y creadora de la plataforma de bienestar dominikapaleta.mx. *¡Viva la vida!* es su primer libro.

"Mi momento más valiente fue, sin duda, ¡parir sin anestesia!"

Dulcinea (Paola Calasanz)
@ dulcineastudios ▪ dulcineastudios

Es directora de arte, creativa, instagramer y youtuber (con más de 700 mil seguidores). Ha creado varias de las campañas más emotivas de la red, ganándose así su reconocimiento. Ha colaborado con programas como *El Hormiguero*, con sus famosos experimentos psicosociales. Es fundadora de una reserva para el rescate de animales salvajes llamada @ReservaWildForest. Debutó en 2017 con la novela *El día que sueñes con flores salvajes*, que rápidamente se convirtió en bestseller, y a la que siguen *El día que el océano te mire a los ojos* y *El día que sientas el latir de las estrellas*.

"Mi momento más valiente fue traer mi hijo a la vida."

Elena Bazán
🐦 lenabazan

Es editora, correctora y gestora de proyectos editoriales; ha colaborado con empresas de servicios y editoriales de México, España, China y Alemania. Es socia fundadora de Se hacen libros, estudio de servicios editoriales con sedes en Ciudad de México y Madrid. Docente en temas de gestión editorial y productos digitales, su formación y profesión están alineadas con el lenguaje y la industria editorial, muy enfocadas en contenidos digitales los últimos años. Es autora del libro *Manual de escritura competitiva* (Aguilar, 2019), el audiolibro *Trabajar en casa: estrategias para lograr productividad y armonía* (Xook Audio Editorial, 2020), además de creadora y locutora del pódcast *Central home office* (Podimo, 2021).

"Mi momento más valiente es cuando creo en mí. Ahí es cuando comienzo a ganar mis propias batallas."

Eli Martínez

@ elimartinezseruno 🐦 maema27 f mariaelenamartinezseruno

elimartinez-seruno.com

Es licenciada en Administración de Instituciones, psicoterapeuta, coach ontológica, facilitadora de cursos, talleres y conferencias a nivel internacional en el área del desarrollo personal y capacitación empresarial, dedicada a transformar y potenciar el talento de las personas y de las organizaciones. Es creadora del Método Ser Uno; doctorado *Honoris Causa Pax Mundi*, conductora del programa *En Positivo*, en Kiss FM 92.7; creadora y conductora del programa para jóvenes *¿Y tú quién eres? Recuperando tu propio valor*, en SM radio, creadora del Programa SER UNO en TV por internet, columnista del periódico *El Universal*. Colaboradora en EXA FM, Cablecom, TVQ y diversas publicaciones. Es autora del libro *Crea una vida a tu medida*.

"Mi momento más valiente fue cuando tomé la decisión de enfrentar mis miedos y tomar decisiones que cambiarían mi vida y la de mis hijos."

Elia Barceló

🐦 elia_barcelo

Ha publicado setenta relatos y treinta novelas, para adultos y para jóvenes. Traducida a veinte idiomas con gran éxito de público y crítica, es una de las voces españolas más internacionales de la narrativa actual, con numerosos premios y obras como *El color del silencio*, *El secreto del orfebre* y *La noche de plata*. En 2020 recibió el Premio Nacional de Literatura Infantil y Juvenil por *El efecto Frankenstein*. Por muchos años fue profesora de Estudios Hispánicos (Universidad de Innsbruck, Austria). Ahora se dedica a la escritura a tiempo completo.

"Mi momento más valiente fue cuando, al tener hijos, comprendí que ahora era responsable de su bienestar, de su educación, de su vida."

Elísabet Benavent

@ betacoqueta ✦ betacoqueta f BetaCoqueta

Es licenciada en Comunicación Audiovisual por la Universidad Cardenal Herrera CEU de Valencia y máster en Comunicación y Arte por la Universidad Complutense de Madrid. La publicación de la Saga Valeria en 2013 la catapultó a la escena literaria y se convirtió en un fenómeno editorial. Desde entonces ha escrito 21 novelas. Algunas han sido traducidas a varios idiomas y publicadas en 10 países. En 2020, la serie *Valeria* se estrenó en Netflix en más de 190 países y batió récords de audiencia. Sus libros han vendido más de 3 millones de ejemplares. *El arte de engañar al karma* es su más reciente novela.

"Mi momento más valiente fue el salto al vacío que supuso marcharme de mi ciudad persiguiendo un sueño."

Eva Vale

@ evavale f va Vale ✦ evavale

Egresada de la Escuela Nacional de Pintura Escultura y Grabado "La Esmeralda", la artista plástica Eva Vale (1983) es la mezcla idónea entre lo social y lo monumental, su obra e intervenciones son un diálogo elocuente que cruza desde una instalación en el Monumento a la Revolución, una Virgen de los Migrantes bendecida y acompañada por el Papa Francisco en una gira por Estados Unidos hasta ser creadora de colaboraciones con marcas de renombre como Louis Vuitton y American Express.

"Mi momento más valiente es cuando me soy leal a mí... cuando me honro."

Gaby Meza

✦ GabyMeza8 @ gabymeza8 ◼ Fuera de Foco

No siempre supo que quería estudiar cine, en realidad de pequeña quería ser abogada, como su mamá. Sin embargo, tener por primera vez una cámara de videos y la capacidad de contar sus propias historias la hizo enamorarse de este oficio. Es Licenciada en Cine y Televisión y actualmente directora y conductora del medio *Fuera de Foco*, locutora de radio, conductora de televisión y columnista.

"Mi momento más valiente fue cuando decidí dejar a mi familia y ciudad natal por perseguir un sueño."

Gaby Vargas

🐦 gaby_vargas f OficialGabyVargas
gabyvargas.com

Es comunicadora en prensa, radio y televisión. Ha publicado más de 1500 artículos en diversos periódicos y revistas; tiene 25 años en la radio y es autora de 16 libros sobre temas relacionados con bienestar, superación personal, desarrollo humano, autoestima y salud, todos ellos bestsellers. Es conferencista y maestra certificada por HeartMath Institute y maestra certificada en Eneagrama por Enneagram Worldwide; desde 2016 imparte el seminario "Inteligencia del corazón" que ha compartido con cientos de alumnos. Creó, con otras personalidades altruistas, las fundaciones APAC, Marillac y Balón por valor. Ha recibido numerosos premios y reconocimientos, entre ellos destacan: Mujer del año 2008 y Giving Woman Credit por ProMujer, en Nueva York, en 2013.

"Mi momento más valiente fue cuando me enteré del cáncer que Pablo, mi compañero y amor de mi vida, padece. Un cáncer que no se cura, sólo se controla. Esa realidad, me ha obligado a vivir, disfrutar y agradecer sólo el presente, lo cual no siempre logro."

Gina Jaramillo

🐦 ginjaramillo f Gina Jaramillo 📷 ginjaramillo

Es historiadora del arte, gestora cultural, locutora y escritora de libros infantiles. Es directora general de la revista *Chilango*. En 2020 fundó el Colectivo Niñeces Presentes, dedicado a proyectos que toman en cuenta las voces y miradas de las infancias desde una perspectiva de derechos y género.

Colabora con museos como el Museo Universitario del Chopo, el Museo Tamayo, el Museo Jumex y el Centro de Cultura Digital, y en diversos medios como Ibero 90.9 y Wradio.

Greta Elizondo
@ gretaelizondo f anotherpointe 🐦 anotherpointe

Amante del arte y bailarina de ballet, nació en Monterrey y a temprana edad descubrió su pasión por el ballet clásico. La danza la ha llevado a estudiar en el extranjero, así como a perseguir una carrera profesional en la Compañía Nacional de Danza en México. Desde 2015 se desempeña como solista bailando los papeles más importantes del repertorio. Su comunicación sobre la danza fuera del escenario la ha llevado a alcanzar una visibilidad prominente en el ámbito cultural del país. Es autora del libro *El mundo es tu escenario*.

"Mi momento más valiente es cada vez que decido seguir adelante a pesar del miedo."

Karla Lara
🐦 Karlalaracoach @ karlalaracoach f KarlaLaraCoach

Es escritora y conferencista mexicana, profesional en Desarrollo Personal. Apasionada de las conductas humanas y de las ciencias de la felicidad, es máster y coach en Programación neurolingüística. Especialista en Inteligencia emocional e Inteligencia social. Se define como una fiel creyente de que el mundo puede ser un lugar mejor si cada individuo descubre su verdadero potencial. Combina la escritura con cursos, seminarios y talleres presenciales y en línea.

"Mi momento más valiente fue cuando decidí asumir la responsabilidad de mi felicidad y elegí ser libre."

Laura Coronado Contreras

@ soylaucoronado   f Lau Coronado de Pampillo   🐦 soylaucoronado

Es abogada por la Universidad Anáhuac y doctora en Derecho por la Universidad Complutense de Madrid. Autora de los libros *La Regulación Global del Ciberespacio*, *Libertad de Expresión en el Ciberespacio* y *12 óperas para conocer el Derecho*. Colabora con la sección de Cultura digital para el noticiero de Luis Cárdenas en MVS Noticias.

"Mi momento más valiente es cuando reconozco mis errores y pido perdón, comprendo que no siempre todo depende de mí y me atrevo a buscar lo bueno, lo bello y lo justo todos los días."

Lucy Aspra

@ lucyaspra   f La Casa de los Ángeles   🐦 LucyAspra
lacasadelosangeles.com.mx

Fundadora de La Casa de los Ángeles y La Fortaleza de San Miguel Arcángel, ha escrito diversos libros que comprenden temas relacionados con los Ángeles y agendas angelicales; así como la trilogía: *Batalla Cósmica*, *Ángeles y Extraterrestres* y *Seres de Luz y Entes de la Oscuridad*. Se dedica a difundir el mensaje que los Ángeles tienen para cada quien y además ofrece cursos, seminarios, conferencias, pláticas y talleres sobre Ángeles en México y en el extranjero.

"Más allá de la valentía, creo firmemente que he tenido la suerte de hallar el camino más auspicioso para hacer las cosas. Quizá he prestado algo de atención a mi guía interno."

Lucy Lara

@ lucylara_art   f Lucy Lara Poder   🐦 LucyLara_Art   lucylara.com

Tiene una reconocida trayectoria internacional dentro de la industria editorial con más de 25 años de experiencia y fue reconocida por el periódico

Reforma como una de las 10 personas más influyentes en la moda en México. Ha fungido como directora editorial de *Elle, Infashion, Marie Claire, Glamour* México y Latinoamérica, así como *Harper's Bazaar* en Español. En Nueva York fue editora de moda y belleza para *People en Español* y por su trabajo en esta publicación, el periódico *La Prensa* (Estados Unidos) la nombró "Outstanding Latin Woman" en 2002. Ha escrito los libros *El poder de la ropa, El poder de tu belleza, Imagen, actitud y poder* y su más reciente *Estilo y poder*. Imparte conferencias enfocadas en moda, belleza y poder femenino.

"Mi momento más valiente fue cuando le entregué a mi hijo sus papeles confidenciales de adopción, con la promesa de que yo lo ayudaré a contactar a sus padres biológicos."

Maggie Hegyi
@ MaggieHegyi 🐦 MaggieHegyi

Ha trabajado durante más de 27 años en medios de comunicación entre los que destacan TV Azteca, Utilísima/Fox Latinoamérica y Animal Planet. Actualmente es conductora y presentadora en UnoTV Ha participado como reportera, desde el año 2000, en diversos Juegos Olímpicos y Copas Mundiales de la FIFA. Es mamá, esposa, profesionista y una mujer exitosa. Es autora del libro *Mamá imperfecta*.

"Mi momento más valiente fue cuándo decidí ser mamá. Me cambió la vida".

Magui Block
f transformaciondelaconsciencia @ maguiblock.es

Es psicoterapeuta con treinta años de experiencia y creadora del Método Magui Block©. Ofrece diplomados para la formación de facilitadores profesionales, además de dar consultas y crear continuamente herramientas para la transformación a través del amor. Es autora del libro *Sana tu familia*.

"Mi momento más valiente fue dejar todo lo que había creado en mi país de origen y empezar una vida nueva en otro país."

Mara Patricia Castañeda

@ Marapatriciacastaneda f Mara Patricia Castañeda
🐦 MaraCastaneda ▪ Mara Patricia Castañeda

Estudió la licenciatura en periodismo en la Escuela Carlos Septién García; en 1986 ingresó a Televisa para trabajar en la edición de noticieros y después como reportera y conductora en diversos programas. Trabajó con el comunicador Juan "El Gallo" Calderón en el exitoso programa *Al fin de semana*. Durante más de 30 años ha destacado por cubrir eventos del mundo del espectáculo, así como galas y sucesos importantes de la televisión mexicana, es autora de los libros *Mi encuentro con los grandes* (2010, prólogo de Jacobo Zabludovski) y *Un extraño palpitar* (2019, prólogo de Lila Downs).

"Mi momento más valiente fue cuando decidí divorciarme y comenzar de nuevo, sola."

Marcela Serrano

Nació en Santiago de Chile. Licenciada en Grabado por la Universidad Católica, entre 1976 y 1983 trabajó en diversos ámbitos de las artes visuales, especialmente en instalaciones y acciones artísticas, como el *body art*. Entre sus novelas, que han sido publicadas con gran éxito en Latinoamérica y Europa, llevadas al cine y traducidas a varios idiomas, destacan *Nosotras que nos queremos tanto* (1991), galardonada en 1994 con el Premio Sor Juana Inés de la Cruz; *Para que no me olvides* (1993), Premio Municipal de Santiago; *Antigua vida mía* (1995); *El albergue de las mujeres tristes* (1997); *Nuestra Señora de la Soledad* (1999); *Lo que está en mi corazón* (2001), finalista del Premio Planeta España; *Hasta siempre, mujercitas* (2004); *La Llorona* (2008); *Diez mujeres* (2012); *La Novena* (2016) y *El manto* (2019). También es autora del libro de cuentos *Dulce enemiga mía* (2013).

"Mi momento más valiente fue cuando decidí publicar mi primera novela."

María Eugenia Mayobre

@ memayobre @memayobre f memayobre

Nació en Caracas en 1976 y creció entre Italia, Francia y Venezuela. Es escritora, guionista y miembro de la comunidad internacional de escritores Bandapalabra. Su primera novela, *El mordisco de la guayaba* (Plaza & Janés, 2018) ganó el Premio Bienal de novela de Ediciones B Venezuela (2016) y fue publicada en francés por Nil Éditions (2020) y Pocket (2021). Su segunda novela, *Es que tengo hambre*, fue una de las 10 novelas finalistas al Premio Planeta (2017). Sus cuentos han sido publicados en varias antologías. María Eugenia vive en Boston y trabaja como locutora y productora de un podcast de idiomas.

"Mi momento más valiente fue cuando logré salir de una situación nociva y reescribir mi realidad. Una vez fue un trabajo, otra vez fue una relación. No sabía qué haría ni dónde viviría o cómo ganaría la vida, sólo sabía que no estaba dispuesta a seguir tolerando esa dinámica tóxica. Me fui, nunca miré hacia atrás y hoy estoy en un lugar mejor."

María J. Borja F.

@ koan.tarot @ mariajborjaf

Nació en la Ciudad de México a mediados de los años 80 y hace más de 10 años que el tarot es eje de su vida. Estudiándolo, interpretándolo y, más recientemente, enseñándolo a partir de lo que ella llama Tarot para la Conciencia, una forma de interpretar enfocada en conectar con la consciencia a través de los símbolos que habitan en el subconsciente.

"Mi momento más valiente es cuando —a pesar de tener miedo— creo en mí e ilumino la versión más positiva de lo que estoy viviendo."

Martha Carrillo

@ marthacarrillop

Es Licenciada en Comunicación por la Universidad Iberoamericana. Destacada comunicadora y periodista mexicana. Ha participado como conductora en programas televisivos y en distintas plataformas. Como escritora de historias tiene en su haber diez telenovelas, una teleserie y dos series. Ha publicado siete libros, dos novelas: *Ni santa ni golfa* y *Luna negra*; dos publicaciones en coautoría: *Cama para dos* y *Tacones altos*, y tres libros de desarrollo humano: *Soy poderosa, ¿y qué?*, *Divorciada pero virgen* e *Imperfectamente feliz*. Ha incursionado en el mundo del desarrollo personal y espiritual, especializándose en reiki, thetahealing, kabbalah, numerología y astrología, conocimientos que aplica y combina en su actividad como coach de vida, lo que la ha llevado a desarrollar distintas técnicas en el mundo espiritual que comparte en sesiones privadas, talleres y conferencias. Martha Carrillo es una buscadora de respuestas, una alquimista de la luz, cuya filosofía es "Darle más vida a la vida".

Maura Gómez Mac Gregor

@ mauraterecomiendaunlibro f Maura te recomienda un libro
🐦 @maurayloslibros

Estudió Diseño Gráfico, sin embargo, los libros han sido parte de su vida desde niña. Al ver que la gente no leía, le nació la inquietud de compartir esta forma de vida y al día de hoy dirige 15 clubs de lectura conformados por más de 250 personas. También organiza dos clubs de lectura con causa al mes, con los que se mantiene el tratamiento de 19 niños con cáncer. Además, escribe la columna de libros en la revista *Quién* digital. Paralelo a esto, crea y comparte contenido literario a través de sus cuentas en redes sociales con más de 33 mil seguidores. Maura te recomienda un libro ha sido una experiencia que le ha dado el privilegio de entrevistar a grandes escritores, acercando a miles de personas a la lectura y convirtiendo su pasión en una profesión.

"Mi momento más valiente fue cuando decidí dejar mi profesión y un trabajo estable para dedicarme a lo que me apasiona. No dejarme intimidar por empezar de cero en algo nuevo a pesar de la edad, del qué dirán y de dejar algo seguro por algo incierto. Una apuesta que hoy agradezco pues con trabajo diario ha dado los frutos que yo esperaba."

Mónica Bauer

🐦 MbauerM **in** Mónica Bauer Mengelberg

Como vicepresidenta de Asuntos Corporativos de PepsiCo Latinoamérica, lidera las estrategias de marcas, comunicación interna y externa, y la agenda de ciudadanía corporativa y sostenibilidad, así como el desarrollo de relaciones con actores clave: empleados, organizaciones de la sociedad civil y medios. Es miembro del Equipo Ejecutivo de Comunicaciones de PepsiCo a nivel global, miembro del Comité Ejecutivo de PepsiCo Latinoamérica y dirige también el Grupo de Trabajo sobre Sostenibilidad en la región.

"Mi momento más valiente es cada vez que me atrevo a tomar nuevos retos, siempre viendo para adelante."

Morganna Love

@ morgannalove **f** Morganna Love 🐦 Morganna_Love

Es cantante, actriz y escritora sanmiguelense. En 2015 fue la protagonista del documental *Made in Bangkok*, nominado al Ariel. También fue protagonista de la película *Sirena* y coprotagonista del cortometraje *Oasis*, galardonado con un Ariel. Además, ha participado en series de televisión como *Rosario Tijeras*, *Como dice el dicho* y *Crónica de castas*, entre otras. En 2017 publicó su autobiografía llamada *En el cuerpo correcto* (Grijalbo). Como cantante, produjo su primer disco *Dos vidas en una*, y se ha presentado en Bellas Artes y el Teatro de la Ciudad Esperanza Iris, entre otros. Ha sido nominada dos años consecutivos como una de las 100 mujeres más poderosas de México, por la revista *Forbes*, así como una de las mujeres a seguir en el extranjero por revistas como *Cosmopolitan* y *Marie Claire*.

"Mi momento más valiente fue cuando decidí ir a Tailandia a operarme. Sola."

Myriam Sayalero

@myriamsayalero f myriamsayaleroes y @myriam_sayalero

Periodista, empresaria, escritora y madre, fundó una de las primeras empresas de contenido editorial en España y México. Sus libros se han publicado en Estados Unidos, China y Europa, algunos han sido traducidos a cinco idiomas. Destacan *Oscuro como mi corazón*, *Los cuentos que nunca nos contaron*, *Cuentos para niñas sin miedo* y *Los desmadres de Mym*, en los cuales plasma su transformadora filosofía. Desenganchada del estrés, dejó de correr tras las zanahorias, declina las demostraciones de poder y elige vivir antes que las redes sociales.

"Mi momento más valiente es cada vez que confío en mí y sigo mi instinto."

Nicole Domit

@descubretuluz f Descubre Tu Luz

Es mamá, terapeuta con ángeles y maestra en varios talleres espirituales. Coach asertiva, experta en conectar con el cuerpo físico, emocional, mental y energético para ayudar a integrarlos. Guía de meditación y lectora de registros Akashicos. Comprometida con su crecimiento personal desde donde contribuye al desarrollo de los demás, mientras disfruta del camino.

"Mi momento más valiente es cuando sigo mi corazón aunque contradiga lo que el mundo exterior espera de mí."

Olga González Domínguez

@ psicolgagonzalez f OlgaGonzalezPsicologia 🐦 PsicOlgaGlez

olgagonzalez.mx

Es psicóloga, TedTalker y se ha consolidado como escritora, conferencista y profesora de diversos encuentros y congresos especializados alrededor del mundo, impactando positivamente la vida de miles de personas. Ha sido reconocida como una de las mujeres profesionistas más inspiradoras de Latinoamérica y en 2020 recibió el premio al mérito de la Academia Internacional de Trastornos Alimentarios por innovación, donde destacaron sus aportaciones en el campo de la psicología. Es experta en las innovadoras terapias de tercera generación, ha obtenido y diseñado entrenamientos internacionales en terapia psicológica conductual; además, cuenta con especialidades en psicología clínica y varias subespecialidades como Screen Coach, Adicciones Conductuales, Cirugía Bariátrica y Trastornos Alimentarios.

"Mi momento más valiente fue cuando en contra de la voluntad de mis padres, muerta de miedo y tan sólo con el billete de avión en los bolsillos, escapé de mi casa para estudiar con una beca en el extranjero. Gracias a eso, he podido ayudar a miles de pacientes. Años después, mi madre me felicitó por no haberle hecho caso y elegir superarme por encima de las convenciones sociales."

Pamela Jean Zetina

@ pamelajeanmx f pamelajeanmx 🐦 @PamelaJeanMx

Conocida como "La Maga de la Persuasión" debido a su pasión por descubrir y compartir los trucos detrás del liderazgo y la comunicación asertiva. Licenciada en Comunicación, máster en Programación Neurolingüística y maestra en Desarrollo Humano. Doctora *Honoris Causa* por el Instituto Americano Cultural. Es mentora de comunicación, imagen pública y discurso de grandes líderes. Es conferencista internacional y autora del libro *La magia de la persuasión*.

"Mi momento más valiente es cada instante en el que elijo hacerme responsable de mi experiencia y cocreadora de mi existencia en lugar de ser víctima de las circunstancias. Cada vez que desafío mis creencias, límites y actualizo mis programas mentales. Cada momento en que me atrevo a cambiar la trama para acabar con el drama."

Paola "La Wera" Kuri
@werakuri f Wera Kuri 🐦 werakuri

Es promotora y defensora de la equidad de género en y a través del deporte. En 2007 publicó el libro de ensayos *Pensamiento libre*. Fue reconocida por la revista *Forbes* como una de las "100 mujeres más poderosas de México". Creó Fut Sin Género con el objetivo de dar pie a la liga profesional de futbol femenil en el país y abrir las posibilidades para las niñas en éste y otros deportes. Desarrolló Blue Women Pink Men, iniciativa a través de la cual une el arte con el deporte, para recuperar y restaurar espacios públicos que promuevan la reconstrucción del tejido social, el bienestar de las comunidades marginadas y la equidad de género. Autora de *Tiempo de ser tú* (Aguilar 2020). Es adicta a cuestionar la norma, alzar la voz y encontrar la magia en todo.

"Mi momento más valiente es cada vez que estoy parada en la cancha de futbol, lista para jugar un partido. Ahí me siento invencible."

Patricia Armendáriz
@patyarmendariz.g f patyarmendariz.g 🐦 PatyArmendariz

Es doctora en Economía por la Universidad de Columbia. Representó a México en la negociación financiera del Tratado de Libre Comercio de América del Norte (TLCAN). Fue la primera vicepresidenta de la Comisión Nacional Bancaria y de Valores (CNBV), directora asociada en el Banco de Pagos Internacionales, en Basilea, Suiza y asesora del presidente del Consejo de Administración de Banorte. En la actualidad es fundadora y directora general de Financiera Sustentable, consejera de empresas nacionales e internacionales y diputada federal.

"Mi momento más valiente fue cuando fundé Financiera Sustentable."

Paula Santilli

🐦 p_santilli in Paula Santilli

Es CEO de PepsiCo Latinoamérica, miembro del Comité Ejecutivo de PepsiCo global y promotora del programa Inspira en Latinoamérica, el cual busca acelerar el desarrollo de las mujeres ejecutivas dentro del negocio. Anteriormente fue presidenta de PepsiCo Alimentos México y presidenta de la Fundación PepsiCo México. *Fortune* y *Forbes* la han incluido en sus rankings de las mujeres más poderosas del mundo. En 2020 recibió el reconocimiento "Exceptional Women of Excellence" del Women Economic Forum.

"Mi momento más valiente es cada vez que expreso mi punto de vista con voz clara y decidida."

Paulina Greenham

📷 paulinagreenham f Paulina Greenham 🐦 PaulinaGreenham

Es conferencista, comunicadora, experta en transformación personal, coach de vida, y locutora. Cursó la carrera de Publicidad en el Centro de estudios en Ciencias de la comunicación (CECC). Ha trabajado en medios de comunicación por 20 años, como directora de ventas en canales de televisión pagada y radio, luego como conductora y finalmente se integró a las filas de la radio en MVS donde colaboró en distintos programas. En 2011 se unió a W Radio al lado de Fernanda Tapia y actualmente es directora y conductora de su propio programa, *En fin W*, en la misma estación. Es fiel creyente de que la mejor manera de crecer es comunicándonos.

"Mi momento más valiente es cuando elijo ser yo misma y me hago responsable de mí y de mis decisiones sin culpar a nadie más por quien o como soy. Así le recuerdo a mi hija que tiene todo el poder para ser quien quiera ser."

Paulina Vieitez

@ lapauliv ♥ lapauliv
paulinavieitez.com

Es una poeta y narradora mexicana. Comunicóloga de profesión con especialidad en periodismo. Como promotora de lectura ha realizado más de mil entrevistas bajo el concepto Charlas con Café para Sanborns con escritores de talla mundial, labor que continua incansablemente. Estas experiencias le han permitido acercar decenas de historias inspiradoras al gran público. Fue nombrada Súper Mamá Selecciones 2015, no sólo por ser la orgullosa madre de Antonio y María, sino por ser creadora de Quiérete, una fundación que promueve la preservación de la dignidad y autoestima de las personas con cáncer. Ha publicado la novela *Helena*, el poemario *Lóbame* y el libro *Fabulosas*. Actualmente se desempeña como directora de talento y contenidos estratégicos en MVS Radio.

"Mi momento más valiente fue cuando decidí romper por fin con todas las etiquetas que dejé que quienes no me entendían ni me amaban o aceptaban, habían puesto encima de mí asumiendo que yo actuaría de acuerdo a sus expectativas. Me volví finalmente Paulina, con todo lo que ser yo, libremente, implica. Y soy absolutamente feliz."

Saskia Niño de Rivera Cover

@ saskianino ♥ saskianino

Es activista. Licenciada en Psicología con especialidad en Criminología y Política criminal; trabajó en Carstens Institute en Negociación de crisis y para la Coordinación Nacional Antisecuestro como Directora de Enlace Penitenciario. A los 24 años cofundó Reinserta. Es embajadora de Vital Voices y fellow de Ashoka, también es una de las representantes de la sociedad civil en el Consejo Nacional de Seguridad Pública. Colabora en *El Universal* y MVS Noticias. Es coautora de *Un sicario en cada hijo te dio* y *No es no*.

"Lo más valiente que he hecho es atreverme a ser la versión más auténtica de mí para poder ser leal a mi lucha en la creación de un México mejor, con toda la congruencia que eso implica."

Silvia Cherem

🐦 SilviaCherem

Es periodista y escritora, Premio Nacional de Periodismo 2005 en el área de Crónica y tres veces semifinalista del Premio Nuevo Periodismo de la Fundación para un Nuevo Periodismo Iberoamericano fundada por Gabriel García Márquez. Obtuvo el Premio Instituto Cultural México Israel, la Medalla Liderazgo Anáhuac en Comunicación, el Premio Mujer Maguén David y es presidenta del International Women's Forum Capítulo México. Es autora de *Trazos y revelaciones. Entrevistas a diez pintores mexicanos* (2004), *Israel a cuatro voces. Conversaciones con David Grossman, Amos Oz, A.B. Yehoshúa y Etgar Keret* (2013), la investigación novelada *Esperanza Iris: traición a cielo abierto* (2018) y el impresionante libro de crónicas sobre sobrevivientes de tragedias inauditas *Ese instante* (2021), los dos últimos publicados por Penguin Random House, entre otros títulos.

"Mi momento más valiente fue cuando en 1994 parí la carrera de periodismo publicando un reportaje en el periódico *Reforma* sobre los motivos que desencadenaron la irrupción zapatista en Chiapas. Como develaba acciones del presidente, la Iglesia y el Ejército, hubo quien me dijo que el riesgo era grande, que por ese atrevimiento me podían matar. Fui valiente y nada grave pasó. Al contrario, siguió una fructífera y emocionante carrera…"

Silvia Olmedo

📷 silviaolmedo f Silviaolmedooficial 🐦 silviaolmedo ♪ Silviaolmedooficial

Es doctora en psicología y la psicóloga más seguida en redes sociales en español. Con una trayectoria de más de quince años produciendo y conduciendo televisión, sus programas son íconos de la psicología en la televisión en español. Actualmente es la vicepresidenta de contenidos en PD Contents en Estados Unidos y conductora de *Terapia de Shock* en Unicable, Televisa. Autora de cinco libros bestsellers: *Pregúntale a Silvia…*, *Los secretos de Eva*, *Los misterios del amor y el sexo*, *Mis sentimientos erróneos*, *Detox emocional* y *A dos pasos de la locura*.

"Mi momento más valiente fue cuando dejé todo y me fui a vivir a Australia por amor."

Sofía Guadarrama Collado
🐦 SofiGuadarramaC 𝐟 SofiaGuadarramaCollado

Ha estudiado desde hace 20 años la historia de los mayas, los aztecas y la llegada de los españoles al continente americano; asimismo, ha incursionado en el thriller, novela negra, cuento, ensayo, relato autobiográfico, ciencia ficción, novela histórica y guion cinematográfico y de series de televisión. Desde 2017 colabora con Lemon Studios en la creación de series de televisión transmitidas vía streaming. Entre los dieciséis libros que ha publicado destacan las novelas *Piso 931* (2016), *Adelita* (2017), *Enigmas de los dioses del México Antiguo* (2018), *Tiempo de canallas* (2018), *La Conquista de México Tenochtitlan* (2019) y *Tlatoque, Somos mexicas* (2021).

Sofía Macías
@ sofiamaciasliceaga 🐦 sofiamaciasl @ pequenocerdocapitalista
𝐟 pequenocerdocapitalista ▶ pequenocerdocapitalista
pequenocerdocapitalista.com

Es especialista en educación financiera y autora de la saga bestseller *Pequeño Cerdo Capitalista* (Finanzas personales para hippies, yuppies y bohemios; Inversiones y Agenda de retos financieros), publicada en México, España e Italia. Cursó la licenciatura en Periodismo en la Escuela de Periodismo Carlos Septién García y la maestría en Administración de negocios (MBA) en la ESC Rennes, en Francia. Ha colaborado como consultora y conferencista en temas de educación financiera en Mastercard e instituciones y organizaciones como el BID, la OCDE, la Secretaría de Hacienda, la Comisión Nacional Bancaria y de Valores, y la Global Money Week. A la fecha actualiza su blog y canal de YouTube de educación financiera y negocios semanalmente.

"Mis momentos más valientes han sido dejar un trabajo 'seguro y exitoso' para estudiar y escribir mi primer libro, y tomar decisiones difíciles por la enfermedad de mi papá."

Sofía Segovia

@ sofiasegoviaautora f sofiasegoviaautora 🐦 @msofiasegovia

Es escritora y coordinadora de talleres literarios. Su primera novela, *Huracán*, llegó a librerías en 2010 y a partir de ese año su carrera literaria fue en ascenso. En 2015 publicó *El murmullo de las abejas*, un bestseller inmediato, que lleva cerca de 300 mil ejemplares vendidos en español, 380 mil en inglés, en todos los formatos, y que ha sido traducido a 16 idiomas. En 2018, e inspirada en una historia real, publicó *Peregrinos*, que poco después fue traducida al inglés a través de Amazon Crossing.

"Mi momento más valiente es cuando escribo. En 1985, con veinte años, escribí y publiqué en un periódico de Monterrey una carta crítica a la corrupción electoral; hubo tan graves amenazas que creí que tendría que salir de México. Escribir *Huracán*, *El murmullo de las abejas* y *Peregrinos* también fueron actos de rebeldía contra las narrativas imperantes."

Sophie Golberg

@ sophiegoldberg_autora 🐦 goldberg_sophie
f sophie goldberg autora

Descendiente de inmigrantes turcos por su parte materna y búlgaros del lado paterno, es parte de la primera generación de su familia nacida en México. En 2002 publicó el libro de poesía *Vida y Pasiones, testimonios de una vida plena*. En 2012, el libro de arte *Sefarad de Ayer, Oi i Manyana*, obra que narra la historia de los Sefarditas en México. En 2015 presentó su novela *Lunas de Estambul* en el emblemático Palacio Postal de la Ciudad de México, cuenta ya con varias traducciones. En 2020 estrenó su novela histórica *El jardín del mar*, recibida muy favorablemente por la crítica.

"Mi momento más valiente fue cuando me enteré de que mi papá había vivido la Segunda Guerra Mundial y yo me convertí, en ese instante, en hija de un sobreviviente del Holocausto con todo lo que implica."

Susana Corcuera

@ susana_corcuera ✔ @susanacorcuera

Ha trabajado como traductora y ha sido articulista de *La Jornada Semanal* y de la revista *Parteaguas*. Ha sido colaboradora del programa de RTVE *Sexto continente*, y es autora de los siguientes libros: *Llegó oscura la mañana*, novela finalista del Premio Azorín Planeta 2005, publicada por Planeta; el libro de cuentos publicado en México por Felou bajo el título *El huésped silencioso... y otras historias* y en España con el de *A machetazos* por Ediciones Irreverentes. Este último obtuvo el VI Premio Internacional Vivendia de Relato; su cuento *El elegido* forma parte de la *Antología de Ciencia Ficción 2009*, publicada por Ediciones Irreverentes. Su cuento para niños, *José María Velasco: entre el arte y la ciencia*, sobre la vida del pintor José María Velasco, escrito en coautoría, ganó una beca en el INBA. Su novela, *Memoria de las manos*, publicada por Felou en el 2012, fue finalista del IV Premio Iberoamericano Planeta Casamérica. Su última novela, *Como si no existieras*, fue publicada por Penguin Random House en el 2018. Actualmente tiene una columna en Voces México.

"Mis momentos más valientes han sido cuando he tomado decisiones irreversibles."

Valentina Trava

f El Librero de Valentina @ el_librero_de_valentina
✔ LibreroDeVal ▶ El Librero de Valentina

Estudió literatura en la Universidad Autónoma del Estado de Morelos y desde muy pequeña ha sido una apasionada de los libros y las historias por descubrir. Durante algunos años impartió clases de literatura a jóvenes y desde el 2016 se dedica a promover la lectura desde diferentes plataformas digitales. Guerrillera de la literatura, lucha por crear una comunidad de lectores cada vez más grande e incentivar el amor por los libros en aquellos que aún no lo viven. Como parte de sus actividades coordina de manera remota y presencial clubes de lectura en México y el extranjero. Mamá de dos, lectora compulsiva y, también, corredora.

"Mi momento más valiente fue cuando decidí luchar por mis metas y no detenerme hasta alcanzarlas, personal, deportiva y profesionalmente."

Violeta Santiago
🐦 VicereineSt

Es periodista y escritora. Comunicadora por la Universidad Veracruzana y Maestra en Comunicación por la Universidad Iberoamericana. Obtuvo el Premio Regina Martínez (2018) del Colectivo Voz Alterna; el Premio Estatal de Periodismo CEAPP en Crónica (2019) y en Reportaje (2020), además del Premio Alemán de Periodismo Walter Reuter (2019). Fue nominada al Festisov Journalism Awards (2020) y al Premio Gabo de Periodismo (2020). Recibió mención honorífica en el Premio Nacional de Periodismo Gonzo (2020). Sus crónicas y reportajes sobre violencia y derechos humanos han sido publicados en *Presencia Mx*, *Blog Expediente*, *Vice News*, *Excélsior* y *Aristegui Noticias*. Fue corresponsal en Veracruz para el noticiero *Aristegui en Vivo*. Es autora del libro *Guerracruz: rinconcito donde hacen su nido las hordas del mal* (Aguilar, 2019).

"Mi momento más valiente fue cuando las ganas de hacer periodismo se sobrepusieron a las amenazas y no abandoné mi trabajo."

Las ilustradoras

Alejandra Artiga
@ loopartdesign

Es ilustradora y diseñadora gráfica. Busca expresar mediante sus ilustraciones el poder del feminismo, el amor propio y la naturaleza. Para transmitir un mensaje, utiliza su vulnerabilidad como mujer y ser humano.

"Mi momento más valiente fue enfrentar a mis demonios personales y exponer mi vulnerabilidad para transformarlos en ilustraciones coloridas, que puedan dar luz a las personas que han pasado por lo mismo."

Alejandra ilustró a: Amelia Earhart, Christine jorgensen, Eugénie Brazier Isadora Duncan, Kathrine Switzer, Maria Callas, Nora Ephron y Simone de Beauvoir.

Romina Becker
@ rominabecker.art

Por medio del uso de colores vibrantes, la artista de Sonora, Romina Becker, muestra escenas de lo cotidiano con un toque mágico y mitológico, para contar historias de mujeres que existen en cualquier momento en el tiempo o espacio.

"Mi momento más valiente fue cuando decidí salir de la comodidad de casa, mudarme a una gran ciudad para poder estudiar lo que quería y perseguir mi sueño de dedicarme al arte."

Romina ilustró a: Carmen Félix, Elisa Carrillo, Gertrude "Trudi" Blom, Indra Nooyi, Junko Tabei, Li Na y Valentina Tereshkova.

Yim Miyaki
@ yimmiyaki

Es licenciada en Promoción cultural en educación artística, radicada en la Ciudad de México. Se enfoca en la realización de murales urbanos e institucionales. Le gustan los felinos, las culturas milenarias y la espiritualidad.

"Mi momento más valiente fue cuando acepté el pasado que arrastraba, con la gran convicción de mejorar mi futuro ¡haciendo grandes esfuerzos en mi presente!"

Yim ilustró a: Antonia Brico, Cleopatra, Gabriela Mistral, Jeroo Billimoria, Kathryn Bigelow, María Félix, Oprah Winfrey, Sirimavo Bandaranaike y Sor Juana Inés de la Cruz.

Mariana García
@ _marianabotello

Es diseñadora gráfica de formación, soñadora de nacimiento y feminista de corazón. Le apasiona crear y poder resolver problemas a través de la ilustración, que surge como un medio de expresión y encuentro con sus sentimientos.

"Mi momento más valiente fue conocerme y abrazar todo lo que soy para presentarme como la mejor versión de mí misma, así como seguir mis pasiones e ideales para no dejar de luchar por lo que creo."

Mariana ilustró a: Ada Lovelace, Aretha Franklin, Greta Thunberg, Nettie Honeyball, Julieta Fierro, Lorena Ramírez, Rosario Castellanos, Tu Youyou y Zaha Hadid.

Daniela Martín del Campo

@dan_martin_del_campo

Es ilustradora independiente radicada en la Ciudad de México. Se especializa en publicaciones infantiles y revistas. Ama los gatos y las historias de terror.

"Mi momento más valiente ha sido vivir de mi pasión, enfrentar mis ataques de ansiedad y atreverme a ser diferente de lo que la gente piensa o espera de mi."

Daniela ilustró a: Angela Merkel, Chimamanda Ngozi Adichie, Danica Patrick, Julia Morgan, Katie Sowers, Marie Curie, Rita Moreno, Svetlana Alexiévich y Violeta Parra.

Tahnee Ruelas

@tahneeflor

Es egresada de la licenciatura y maestría en Artes Visuales, originaria de Sonora, y actualmente residente de la Ciudad de México. Su trabajo se puede encontrar en ilustraciones, murales y objetos personalizados.

"Mi momento más valiente es cuando al pintar soy fiel a mis ideas, donde represento mis sueños y anhelos a través de mi estilo personal."

Tahnee ilustró a: Cathy Freeman, Elizabeth Blackwell, Isabel Allende, Karla Wheelock, Malala Yousafzai, Mercedes Sosa, Nettie Stevens y Safo.

Save The Children

www.savethechildren.mx

Para apoyar a niñas y niños víctimas de la Primera Guerra Mundial dos hermanas muy valientes llamadas Eglantyne Jebb y Dorothy Buxton crearon el Save The Children Fund en Inglaterra en 1919. Lo que comenzó como un trabajo enfocado en los niños alemanes y austriacos pronto se convirtió en un movimiento internacional.

Bajo la innovadora y controversial tutela de Eglantyne, que más allá de ver a la fundación como un trabajo voluntario y de filantropía, la manejó y administró como una organización empresarial que incluso tenía anuncios en los periódicos a inicios del siglo pasado, Save The Children recaudó fondos suficientes para su expansión mundial.

Por si esto fuera poco Eglantyne redactó los principios de la Declaración de los Derechos del Niño, adoptada por la Sociedad de Naciones en 1924 y más adelante por las Naciones Unidas.

Aquella que en principio fue una acción sencilla y local ha resultado en una organización que brinda alivio a niños alrededor del mundo, con espacios seguros para jugar lejos de zonas minadas después de la guerra, apoyo después de desastres naturales, intervenciones para garantizar agua, alimentos y refugio durante conflictos bélicos, distribución de artículos de primera necesidad y rescate a migrantes y personas desplazadas. En México la organización se ha hecho presente con acciones humanitarias tras sismos, tormentas tropicales, huracanes y desplazamiento migratorio. Y todo esto gracias a una mujer que tuvo la valentía de ver a su organización desde un ángulo diferente y se atrevió a ir más allá.

* En la compra de esta edición estás apoyando a través de Save The Children en México, a las niñas de Latinoamérica en situación vulnerable por el desplazamiento migratorio.

Valientes
se terminó de imprimir en septiembre de 2021
en los talleres de
Litográfica Ingramex, S.A. de C.V.
Centeno 162-1, Col. Granjas Esmeralda, C.P. 09810
Ciudad de México.